袁春晓 著

商标侵权判定指南

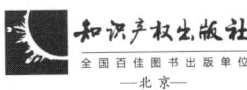

—北京—

图书在版编目（CIP）数据

商标侵权判定指南 / 袁春晓著 . —北京：知识产权出版社，2023.1
ISBN 978-7-5130-8448-2

Ⅰ. ①商… Ⅱ. ①袁… Ⅲ. ①商标法—侵权行为—认定—中国—指南 Ⅳ. ① D923.434

中国版本图书馆 CIP 数据核字（2022）第 208479 号

内容提要

本书以商标法为依托，以作者办案实践为内容基准，根据自己累积的经验，从商标侵权诉讼的提起、侵害商标权的类型、商标侵权判定一般步骤、侵害商标权的抗辩事由、权利冲突类案件处理、商标侵权损失赔偿和其他问题 7 方面探讨商标侵权及其判定过程中涉及的法律规定和抗辩原则，为商标律师提供一定的借鉴和参考。

本书适合律师、学生等参考阅读。

责任编辑：李 叶　　　　　　　　　　责任印制：刘译文

商标侵权判定指南
SHANGBIAO QINQUAN PANDING ZHINAN

袁春晓　著

出版发行：	知识产权出版社有限责任公司	网　　址：	http://www.ipph.cn	
电　　话：	010-82004826		http://www.laichushu.com	
社　　址：	北京市海淀区气象路50号院	邮　　编：	100081	
责编电话：	010-82000860转8745	责编邮箱：	laichushu@cnipr.com	
发行电话：	010-82000860转8101	发行传真：	010-82000893	
印　　刷：	三河市国英印务有限公司	经　　销：	新华书店、各大网上书店及相关专业书店	
开　　本：	880mm×1230mm　1/32	印　　张：	8.375	
版　　次：	2023年1月第1版	印　　次：	2023年1月第1次印刷	
字　　数：	187千字	定　　价：	56.00元	
ISBN 978-7-5130-8448-2				

出版权专有　侵权必究
如有印装质量问题，本社负责调换。

序　言

伴随着《关于加强知识产权保护的意见》的出台，知识产权保护越来越受到重视，侵权假冒行为的惩戒力度不断加大，大幅提高了侵权法定赔偿额上限，加大了损害赔偿力度。2021年3月3日，最高人民法院发布《关于审理侵害知识产权民事案件适用惩罚性赔偿的解释》，旨在依法惩处严重侵害知识产权的行为。司法实践中，各地人民法院关于侵害商标权案件的判赔额度屡创新高，一定程度上遏制了侵权假冒行为，商标权人的维权积极性也不断提高。随着侵害商标权案件的频发，无论是我们的律师同行，还是一线办案机关的办案人员，对于如何判断是否存在商标侵权行为仍存有疑惑，基于此考量，本书试图从商标侵权判定一般步骤等问题着手进行归纳总结。

相比较而言，本书非系统性介绍商标侵权诉讼涉及的所有内容，仅对侵害商标权行为的相关问题进行深度探究，寻求办理商标侵权案件的秘笈。结合笔者从业过程中所办理的商标侵权案件，以及在撰写《商标法通识》（知识产权出版社）后的沉淀与积累，笔者对于商标侵权行为有了更加深层的认识，并将认识整理成书。

商标的生命在于持续不断地使用，也正是通过持续不断地使用使商标具有了两大功能：一是识别商品或服务来源的功能，二是品质保障和信誉承载等衍生功能。侵害商标权行为的本质在于破坏了商标的识别功能，以及品质保障和信誉承载等衍生功能，以至于造成相关公众对商品或服务来源产生混淆或者认为其来源与注册商标的商品或者服务存在某种特定的联系。判断是否存在侵害商标权的行为，首先要判断是否属于商标法意义上的商标使用。其次根据《中华人民共和国商标法》（以下简称《商标法》）第五十七条第一款第（一）、第（二）项的规定，需依次对是否为同一种与类似商品或者服务、是否为相同或者近似商标，以及是否足以使相关公众产生混淆等进行判定。最后根据《商标法》第五十九条的规定，还须判断被控侵权人是否有正当抗辩事由。以上五个步骤是侵害商标权判定的一般步骤，该五个步骤须逐序进行，若判定不属于商标法意义上的商标使用的，则无须进行是否为同一种与类似商品或者服务、是否为相同或者近似商标，以及是否足以使相关公众产生混淆等的判断。若判定不属于同一种与类似商品或者服务的，则需要对商标权人的注册商标是否为驰名商标和是否误导公众进行判定。商标权人的注册商标知名度不高的，就无须再对是否为相同或近似商标，以及是否会导致混淆误认进行判断。需要提醒的是，混淆性认定贯穿整个商标侵权行为判断的始终。

　　商标侵权行为的司法判定看似简单，实则博大精深，迷雾重重，笔者虽投入大量精力潜心钻研理论知识，并办理大量商标侵权及相关案件，但仍深感只知皮毛，在许多问题上仍是一知半解。本书为笔者对于商标侵权行为判定初步和肤浅的研究，不足之处甚多，以期同行批评指正。

2021 年 12 月于金泰国际中心
昆成律师事务所办公室

目 录

第一章 商标侵权诉讼的提起 …………………………………… 1
  第一节 诉讼主体 …………………………………………… 1
  第二节 管辖 ………………………………………………… 10
  第三节 诉讼时效 …………………………………………… 24

第二章 侵害商标权行为的类型 ………………………………… 30
  第一节 商标权保护范围 …………………………………… 30
  第二节 侵权类型归纳与分析 ……………………………… 45

第三章 商标侵权行为判定一般步骤 …………………………… 53
  第一节 商标性使用判定 …………………………………… 54
  第二节 同一种与类似商品或者服务判定 ………………… 90
  第三节 商标相同或者近似判定 …………………………… 116
  第四节 混淆与误导的判定 ………………………………… 145

第四章 侵害商标权的抗辩事由 ………………………………… 161
  第一节 正当使用 …………………………………………… 161
  第二节 先用权抗辩 ………………………………………… 170

第三节 合法来源抗辩 …………………………………… 174

第五章 权利冲突类案件处理 …………………………………… 185
第一节 注册商标之间的权利冲突 ……………………… 185
第二节 商标权与企业名称权的权利冲突 ……………… 191
第三节 商标权与域名的权利冲突 ……………………… 198

第六章 商标侵权损失赔偿 …………………………………… 204
第一节 权利人损失的认定 ……………………………… 204
第二节 侵权人获利的认定 ……………………………… 211
第三节 法定赔偿数额的适用 …………………………… 214
第四节 律师代理费的合理开支认定 …………………… 217
第五节 惩罚性赔偿的适用 ……………………………… 222

第七章 侵害商标权的其他问题 ……………………………… 227
第一节 未实际使用注册商标的权益保护 ……………… 227
第二节 反向混淆情形下的商标侵权认定 ……………… 234
第三节 旧机翻新行为商标侵权认定 …………………… 237
第四节 商标争议程序对商标权效力及侵权诉讼的影响 … 241
第五节 因恶意提起商标侵权诉讼的反赔请求权 ……… 244
第六节 确认不侵权之诉 ………………………………… 253

后　记 ………………………………………………………… 259

第一章　商标侵权诉讼的提起

第一节　诉讼主体

商标侵权诉讼中的诉讼主体包括有权提起侵害商标权诉讼的主体和实施侵害商标权行为的主体，即商标侵权诉讼案件的原告和被告。

一、有权提起侵害商标权诉讼的主体

在商标侵权诉讼中，有权提起侵害商标权诉讼的主体包括商标专用权人和利害关系人，统称商标权人。人民法院在受理商标侵权诉讼案件时，首先会审查原告是否具有提起诉讼的资格，庭审中，被控侵权人也会对原告是否具有诉讼主体资格提出质疑。因此，作为提起商标侵权诉讼的原告一方应当提供相应的证明材料或者文件，证明其具有诉讼主体资格。下面分别进行说明。

（一）商标专用权人

我国商标法主要保护的是注册商标，偶尔会涉及未注册的驰名商标，故这里的商标专用权人是指商标注册人。商标注册人提起诉

讼时,证明其具有诉讼主体资格的证明材料是商标注册证;商标有效期满办理了续展手续的,还需要提供续展注册证明等资料;若提出了续展注册申请但商标局未公告的,还需要补充提交续展注册申请资料和缴费凭证等资料。

未注册驰名商标所有人提起商标侵权诉讼时,须首先证明其未注册商标经过长期使用,享有一定知名度或者影响力而具有排斥他人使用的权利。证明材料可依据《商标法》第十四条第一款和《商标审查审理指南》的规定,从以下几个方面提供相关证据:①相关公众对该未注册商标的知晓程度;②未注册商标一直使用的持续时间;③涉及未注册商标任何宣传工作的持续时间、程度和地理范围等;④未注册商标曾经被认定为驰名商标或者受保护的记录及曾获荣誉、获奖等;⑤其他关于未注册商标具有知名度或者影响力的材料。

（二）注册商标转让合同的受让人

注册商标转让合同的受让人证明其具有诉讼主体资格的证明材料是原商标注册证和商标转让证明,无须提供商标转让合同。

需要注意的是,注册商标转让申请经商标局核准并公告后,受让人才取得了相应的注册商标专用权,但商标局并不会重新出具新的商标注册证给受让人,而是出具注册商标转让证明给受让人,以此证明受让人是商标权人。

通过签订注册商标转让合同的方式取得注册商标专用权的,注册商标转让合同的签字或者盖章仅表明注册商标转让合同的成立与生效,不等于获得了注册商标专用权,注册商标转让合同签订后,还需要转让人和受让人共同向商标局提出转让申请,经过商标局审查核准并公告,受让人自公告之日起才取得注册商标专用权。故在商标局公告之前,受让人还未取得注册商标专用权,也不具有提起商标侵权诉讼的主体资格,但如果在注册商标转让合同中约定或者原商标权人出具授权声明的,也就具有了提起侵害商标权诉讼的主体资格。例如,在再审申请人中建环球投资控股集团有限公司(以下简称"中建环球公司",原中建环球投资控股有限公司)因与被申请人中国建筑股份有限公司(以下简称"中国建筑公司")侵害商标权及不正当竞争纠纷案❶中,最高人民法院认为,根据一、二审法院查明的事实,涉案商标由中国建筑工程总公司于1994年11月30日申请注册,1996年11月7日被核准注册,2008年9月14日中国建筑工程总公司将涉案商标转让给中国建筑公司。2015年11月10日,中国建筑工程总公司出具声明,表示其将包括涉案商标在内的三个商标转让给中国建筑公司,对商标转让前和转让期间,他人侵犯涉案商标合法权益的行为,授权中国建筑公司以自己的名义,采取包括提起民事侵权诉讼在内的一切法律措施,以维护相应合法权益。故根据声明的内容,中国建筑工程总公司作为涉案商标的原权利人已经授权中国建筑公司以其自己的名义,对涉案商标转让前和转让期间发生的商标侵权行为采取包括提起民事诉讼在内的一切法律措施的权利,原审时中国建筑公司对此也提交了相应的证据,中建环球公司对该证据的真实性并未提出异议,中国建筑公司的诉权依法应得到保护。因此,中建环球公司对于中国建筑公

---

❶ (2019)最高法民申1061号。

司对本案无诉权的再审申请理由不能成立。

（三）被许可使用人

商标注册人可以通过签订商标使用许可合同的方式许可他人使用其注册商标。商标使用许可合同约定的许可方式不同，被许可使用人取得的权利内容也不相同。根据许可使用方式可分为独占使用许可、排他使用许可和普通使用许可。

独占使用许可，是指商标注册人在约定的期间、地域和依约定的方式，将该注册的商标仅许可给一个被许可人使用，商标注册人依约定也不得使用该注册商标。当商标权受到侵害时，独占使用许可合同的被许可人可以不经商标权人许可单独向法院提出侵害商标权诉讼，故独占使用许可合同的被许可人应当向人民法院提交独占使用许可合同来证明其具有诉讼主体资格。

排他使用许可，是指商标注册人在约定的期间、地域和依约定的方式，将该注册的商标仅许可给一个被许可人使用，商标注册人依约定也可以使用该注册商标，但不得再另行许可他人使用该注册商标。排他使用许可合同的被许可人可以和商标注册人共同提起侵害商标权之诉，也可以在商标注册人不起诉的情况下，自行提起诉讼。商标注册人不起诉的情形，包括商标注册人明示放弃起诉和被许可人有证据证明其已经告知商标注册人或者商标注册人已经知道有侵害商标权行为而仍不起诉的。

排他使用许可的被许可人应当提供如下资料证明其诉讼主体资格：商标注册人明确授权被许可人直接提起侵害商标权诉讼的书面材料；商标注册人明确告知被许可人其不提起侵害商标权之诉的

书面材料；被许可人催告商标注册人在一定期限内提起侵害商标权之诉，商标注册人没有在该期间提起侵害商标权之诉的书面材料；其他可以证明商标注册人知道侵害商标权行为仍不起诉的书面材料等。

普通使用许可，是指商标注册人在约定的期间、地域和依约定的方式，许可他人使用其注册商标，并可自行使用该注册商标和同时还可以再许可其他人使用该注册商标。普通使用许可合同的被许可人只有在商标注册人明确授权的情况下，方可提起侵害商标权之诉，换句话说，就是在没有取得商标注册人授权可以提起侵害商标权之诉的情况下，是不能单独提起侵害商标权之诉的。

作为普通使用许可的被许可人，可以提供商标注册人明确授权提起侵害商标权之诉的书面材料，或者明确约定在侵害商标权行为发生时，可直接提起侵害商标权之诉的使用许可合同等作为证明诉讼主体资格的证明材料。例如，在上诉人福州米厂、五常市彩桥米业有限公司（以下简称"五常彩桥公司"）与被上诉人重庆百货大楼股份有限公司（以下简称"重百股份公司"）、重庆百货大楼股份有限公司郫都商场分公司（以下简称"重百郫都分公司"）侵害商标权纠纷案❶中，2020年9月27日，涉案第1298859号注册商标"稻花香DAOHUAXIANG"经核准转让给福州市稻花香米业集团有限责任公司（以下简称"稻花香米业公司"）。2020年10月23日，福州米厂与稻花香米业公司签订《商标使用许可合同》载明："稻花香米业公司将涉案商标普通许可给福州米厂使用，许可使用期

---

❶ （2021）川01民终13714号。

限自 2020 年 9 月 27 日起至 2021 年 12 月 31 日止，福州米厂有权针对 2020 年 9 月 27 日前的商标侵权行为以自己的名义提起诉讼。"四川省成都市中级人民法院认为，福州米厂系涉案商标原商标权人，2020 年 9 月 27 日涉案商标经核准转让给现商标权人稻花香米业公司，稻花香米业公司许可福州米厂使用涉案商标，并授权福州米厂针对 2020 年 9 月 27 日前的商标侵权行为以自己名义提起民事诉讼，故福州米厂有权提起本案诉讼。

（四）商标权人的继承人

商标法中所称的利害关系人，除了商标使用许可的被许可人外，还包括注册商标财产权利的合法继承人，如商标注册人死亡或者企业合并、分立、破产等事由所导致的商标财产性权利义务的承继者。

以注册商标财产权利的合法继承人身份提起侵害商标权之诉的，需提供其具有合法承继权利的书面材料，证明其具有诉讼主体资格。既不是商标权人的继承人，又不是具有商标使用许可合同关系的，就无权提起商标侵权诉讼。例如，在再审申请人东丰县远征食品有限公司（以下简称"远征公司"）因与被申请人黑龙江润海食品有限公司（以下简称"润海公司"）侵害商标权纠纷案[1]中，最高人民法院认为，远征公司并非商标财产权利的继承人，也无证据显示远征公司与刘某波之间签订过性质明确的商标许可使用合同。二审法院考虑到远征公司使用"远征"商标生产、销售产品的事

---

[1] （2020）最高法民申 3031 号。

实，认定远征公司与刘某波之间形成了事实上的普通许可关系，结论妥当。在此情况下，根据《最高人民法院关于审理商标民事纠纷案件适用法律若干问题的解释》（以下简称《商标法司法解释》）的规定，远征公司可以提起本案诉讼的前提是获得权利人的明确授权。但是，远征公司并未提交证据证明其已经获得了商标权人刘某波的授权，相反，根据润海公司于二审阶段补充提交的证据显示，刘某波反对远征公司提起本案诉讼。据此，结合法律法规的明确规定，基于本案事实，二审法院认定远征公司无权作为利害关系人提起本案诉讼的结论并无不当。

（五）通过授权获得提起诉讼主体资格

司法实践中，既不是商标注册人，也不是利害关系人，可以通过获得商标权人或利害关系人授权的方式获得提起侵害商标权的资格。

二、实施侵害商标权行为的主体

实施侵害商标权行为的主体包括制造、销售侵害商标权商品的行为人，也包括擅自制造、伪造注册商标标识和销售擅自制造、伪造注册商标标识的行为人。除《中华人民共和国民事诉讼法》（以下简称《民事诉讼法》）第一百一十五条要求有明确的被告外，无论是商标法还是相关的法律规定，都没有对侵害商标权行为的主体有特别规定。笔者认为，商标侵权作为一个特殊的侵权行为类型，实施侵犯商标权行为的主体除具有一般民事诉讼的基本要求，即有明确的被告外，还应当是实施了具体的侵害商标权的行为。例如，制造侵害商标权商品的主体一定是实施了制造行为，销售侵害商标权商品的主体一定是实施了具体的销售行为，擅自制造、伪造注册商标标识的主体一定是实施了擅自制造、伪造的具体行为，帮助侵害商标权的主体一定是实施了诸如仓储、运输、邮寄、印刷、隐匿、经营场所、网络商品交易平台等具体行为等。

在侵害商标权诉讼中，直接实施侵权行为的自然人、法人与非法人组织均可以成为侵害商标权行为的主体，即被告。一般情况下，法人企业作为一个以注册资本额为限对外承担有限责任的民事主体，在股东已经足额出资的情况下是不需要在注册资本以外承担民事赔偿责任的，但如果法定代表人或者主要负责人恶意利用企业法人的有限责任，以侵权为业的，可以追加企业法定代表人或者主要负责人作为共同侵权被告。例如，在樱花卫厨（中国）股份有限公司（以下简称"樱花卫厨公司"）与苏州樱花科技发展有限公司（以下简称"苏州樱花公司"）、苏州樱花科技发展有限公司中山分公司、中山樱花集成厨卫有限公司、中山樱花卫厨有限公司及屠某灵、余某成商标侵权与不正当竞争纠纷案❶中，苏州樱花公司成立于2005年，法定代表人为屠某灵，经营范围为研发、销售、生产、加工消毒柜、家用电器、燃气灶具等产品。2008年6月18日及7月29日，樱花卫厨公司以苏州樱花电器科技发展有限公司等侵害其商标权及不正当竞争为由，分别提起诉讼，最终经过一审、二审，最终认定苏州樱花电器科技发展有限公司构成商标侵权及不

---

❶ （2015）苏知民终字第179号。

正当竞争，并同时判定苏州樱花电器科技发展有限公司变更企业字号、赔偿损失等。屠某灵在与樱花卫厨公司商标侵权案件败诉后，于2009年后又以打擦边球方式以另外类似名称重新上市。中山樱花集成厨卫有限公司成立于2011年，经营范围包括集成厨房设备、厨房电器、燃气灶具等产品。苏州樱花、中山樱花的相关仿冒商标和品牌出现在市场，对正品樱花的品牌形象和市场产生了不良影响。❶樱花卫厨公司再次向法院提起诉讼，在主张苏州樱花电器科技发展公司等构成上述侵权及不正当竞争的同时，也请求屠某灵对上述公司的行为承担连带责任。本案中，除是否构成商标侵权及不正当竞争的争议焦点外，另一个争议焦点就是屠某灵等是否与其新设立的苏州樱花电器科技发展有限公司等构成共同侵权的问题。

江苏省高级人民法院经审理认为，屠某灵等为实施侵权行为目的设立新的公司，并与其新设立的公司共同实施侵权行为，构成共同侵权。在判定苏州樱花电器科技发展有限公司等构成商标侵权及不正当竞争、停止使用"樱花"字号的同时，结合上述公司法定代表人的主观恶意、公司股东构成及公司的侵权行为，认定屠某灵等在明知樱花卫厨公司的"樱花"系列注册商标及商誉的情况下，仍通过苏州樱花公司等实施侵权行为，其个人（屠某灵）对全案侵权行为起到了重要作用。根据关于共同侵权的法律规定，认定屠某灵

---

❶ "苏州樱花"主要是指在苏州注册的含有"樱花"字样的企业，包括苏州樱花公司、苏州樱花电器科技发展有限公司等；"中山樱花"主要是指在中山注册的含有"樱花"字样的企业，包括中山樱花科技发展有限公司中山分公司、中山樱花集成厨卫有限公司、中山樱花卫厨有限公司；"正品樱花"是指樱花卫厨公司的樱花品牌。——笔者注。

等与上述公司构成共同侵权,最终判令屠某灵等与上述公司的侵权行为承担连带责任。

第二节　管　辖

如前文所述,商标侵权诉讼属于一种特殊类型的侵权行为,其管辖法院的确定也是根据民事诉讼法及民法典侵权责任编中的一般管辖原则确定具体的管辖法院,即侵权责任纠纷由侵权行为地或者被告所在地的法院管辖。但又鉴于涉及知识产权案件审理的专业度和复杂性,最高人民法院对于知识产权案件的管辖也作了一些特别规定。

一、管辖法院审级选择

侵害商标权纠纷的案件只能向有管辖权的人民法院提起诉讼,根据规定,可向最高人民法院指定的基层人民法院或者设区的市级人民法院,以及专门设立的知识产权法院、知识产权专门法庭提起诉讼。具体规定可参见最高人民法院发出的知识产权案件管辖通知,以及各个省、自治区、直辖市等的高级人民法院根据各地在上报最高人民法院后所作出的特别规定。例如,2021年9月1日起江苏省高级人民法院调整的关于江苏部分知识产权案件管辖的规定明确要求,江苏省高级人民法院按照商标侵权诉讼的标的额进行划分:诉讼标的额低于或者等于300万元的,由相应辖区内最高人民法院指定的基层人民法院管辖;诉讼标的额高于300万元的,由相应辖区内设立的市中级人民法院管辖。根据该规定，代理律师可以根据诉讼标的额的具体金额选择一审法院是基层法院还是中级人民法院。在笔者代理的昆山某宝环保设备有限公司诉昆山某益电机有限公司侵害商标权及不正当纠正纠纷案，我们就计划将基层法院作为一审法院，故我们选择300万元以下的赔偿数额，且是在2021年9月1日后向法院申请立案。从诉讼程序上说，这个案件即便后续经历一审、二审甚至于再审程序，恐怕也只能再审至省高级人民法院，尤其是在最高人民法院发布关于统一法律适用加强类案检索的指导意见后，案件裁判结果的同一性可能高度加强，再加上基本上每个省高级人民法院为统一省内的商标侵权诉讼的审判尺度，都相继出台了一系列关于商标侵权纠纷案件的审理指南和审判规则，裁判结果的同一性程度就更高。对于一些常规的商标侵权案件，全国范围内的裁判尺度基本上都是一样的，即定性基本是没有争议的，充其量在定量上有些微的差异。但是对于一些本身定性还存在一定的争议，或者各个法院对于定性还没有最终的定论，作为商标侵权案件的代理律师，不妨考虑将案件争取到最高人民法院二审或者再审阶段，借助于最高人民法院"一锤定音"的终极审判，寻求一个有利于己方的裁判结果。笔者认为，最高人民法院在裁判案件的大局观、思维模式与法律适用上，是最接近立法本意和国家政策指导意见的，从大量的最高人民法院提审改判与再审改判的案件中，我们就可窥一斑。故作为案件代理律师，尤其是商标侵权案件的代理律师，在确定诉讼方案时，将基层人民法院还是中级人民法院作为一审法院也是一个值得思考的问题。

例如，在"东风"案涉外定牌加工商品是否侵犯商标权的问题上,最高人民法院与江苏省高级人民法院就存在不同的裁判观点。2015年12月18日,江苏省高级人民法院对"东风"案作出二审判决:印尼公司注册"东风"商标不具有正当性,"东风"牌柴油机自20世纪60年代起就已经出口印度尼西亚等多个国家和地区,在东南亚地区享有良好声誉与较高知名度;江苏常佳金峰动力机械有限公司(以下简称"常佳公司")作为接受印尼公司委托贴牌生产的国内加工商,应当知晓上海柴油机股份有限公司(以下简称"上柴公司")涉案商标系驰名商标,也应当知晓上柴公司与印尼公司就"东风"商标在印度尼西亚长期存在纠纷,且其曾经承诺过不再侵权。但常佳公司仍受托印尼公司贴牌生产,未尽到合理注意与避让义务。至此,江苏省高级人民法院判决"东风"商标定牌加工行为构成商标侵权。2016年1月,常佳公司不服江苏省高级人民法院的判决结果,依法向最高人民法院申请再审。最高人民法再审认为,不具有商标识别功能的定牌加工不构成商标侵权,故撤销了江苏省高级人民法院的判决结果。

但同时在本田技研工业株式会社(以下简称"本田株式会社")与重庆恒胜鑫泰贸易有限公司(以下简称"恒胜鑫泰公司")侵害商标权纠纷案中,恒胜鑫泰公司接受缅甸美华公司(以下简称"美华公司")委托生产一批标有"HONDAKIT"标识的摩托车整车散件,在全部通过云南昆明瑞丽海关申报出口时被扣留。云南省高级人民法院认为,恒胜鑫泰公司办理出口的220套摩托车散件系全部出口至缅甸,不进入中国市场参与"商业活动",中国境内的相关公众不可能接触到该产品,因而恒胜鑫泰公司的这种使用行为不可能在中国境内起到识别商品来源的作用,因此认为这并非商标法意义上的商标使用行为，最终认定为不属于侵害商标权的行为。最高院人民法院经过再审认为，商标使用行为是一种客观行为，通常包括许多环节，如物理贴附、市场流通等，是否构成商标法意义上的"商标的使用"应当依据商标法作出整体一致解释，不应该割裂一个行为而只看某个环节，要防止以单一环节遮蔽行为过程，要克服以单一侧面代替行为整体。商标使用意味着使某一个商标用于某一个商品，其可能符合商品提供者与商标权人的共同意愿，也可能不符合商品提供者与商标权人的共同意愿；某一个商标用于某一个商品以致二者合为一体成为消费者识别商品及其来源的观察对象，既可能让消费者正确识别商品的来源，也可能让消费者错误识别商品的来源，甚至会出现一些消费者正确识别商品的来源，而另外一些消费者错误识别商品的来源这样错综复杂的情形。这些现象纷繁复杂，无不统摄于商标使用；这些利益反复博弈，无不统辖于商标法律。因此，在生产制造或加工的产品上以标注方式或其他方式使用了商标，只要具备区别商品来源的可能性，就应当认定该使用状态属于商标法意义上的"商标的使用"。最终，最高人民法院改判为属于侵害注册商标权的行为。

  从上述两个案例可以看出，同为定牌加工，也是全部用于出口，但在是否为商标性使用的判断上，最高人民法院却有着不同的裁判思维和判决结果。引用这两个案件的裁判结果，并非出于鼓吹或者宣扬最高人民法院的审判技术是多么高超，更不是有意贬低地方法院审判技术的低劣，想说明的是，更高层级的法院在审判具体案件时，除对于立法原意的理解深度，更多的是对于当前时期国家政策意见的准确把握。任何时候，法律条文都不是孤立的存在，再完美的法律规定也需要将其与实际的经济活动相结合，得出符合国家政策和国家利益的裁判结果。无疑在这一点上，越高层级的人民法院把握得更到位一些。作为律师，尤其是代理一些具有争议较大的案件时，根据案件的具体情况合理选择不同层级的人民法院作为一审法院，可能更有利于案件的裁判预期。

二、诉讼管辖地选择

前述部分主要介绍的是选择不同层级的人民法院作为一审法院的问题，本部分介绍有关选择哪个地方人民法院管辖的问题。依据《商标法司法解释》第六条的规定，因侵犯注册商标专用权行为提起的民事诉讼，由《商标法》第十三条、第五十七条所规定侵权行为的实施地、侵权商品的储藏地或者查封扣押地，以及被告住所地的法院管辖。《商标法司法解释》第六条明确本条的适用条件是"因侵犯注册商标专用权行为提起的民事诉讼"，那么侵权未注册驰名商标是否适用该条的规定呢？答案应当是肯定的。虽然《商标法司法解释》第六条明确载明的是"侵犯注册商标专用权"，而未包含侵犯未注册驰名商标权利的情形，但根据该条载明的"由《商标法》第十三条、第五十七条所规定的侵权行为……"，其中《商标法》第十三条既包含了未注册驰名商标的同类别保护，也包含了注册驰名商标的跨类别保护，"由《商标法》第十三条所规定的侵权行为实施地……"就必然包含了侵犯未注册商标行为的实施地等，因此，《商标法司法解释》第六条的第一句"因侵犯注册商标专用权提起的诉讼"表述为"因侵害商标权行为提起的诉讼"似乎更妥当一些。

（一）侵权行为实施地

顾名思义，侵权行为实施地就是指发生侵权行为的地方，如实施制造侵权商品的行为的制造地就是侵权行为实施地，实施销售侵权商品的行为其销售地就是侵权行为地。司法实践中，对于如何认定侵权行为实施地，也存在不同的认识。例如，通过公证购买的收货地是否为侵权行为实施地或者说网购收货地是否属于侵权行为实施地，如果可以的话，那么权利人是否可以通过不同的购买地来选择不同的管辖法院，对此各地法院也有不同的裁判观点。

北京地区的法院普遍认为网购收货地不属于侵权行为实施地。例如，在（2015）东民（知）初字第12804号案件中，北京市东城区人民法院认为，在知识产权侵权纠纷案件中，侵权结果发生地应当理解为侵权行为直接产生的结果的发生地，而不能以起诉人指定的产品收取地作为侵权结果发生地，因为货物交付是买卖合同达成后的履行行为，其并非侵权结果发生的直接原因。若允许以起诉人指定的产品收取地为侵权结果发生地，起诉人将能以中国大陆内任一具有商标案件管辖权的法院作为诉讼法院，由此产生的管辖法院随意性和不确定性将会使得民事诉讼法的管辖制度形同虚设，不利于案件事实的查明和审理。再如，在（2015）西民（知）初字第15582号案件中，北京市西城区人民法院认为，以公证保全的方式在公证处签收涉案产品，仅能证明被告天秀公司向原告发送了涉案产品这一具体事实，而被告在网上实施销售行为之时，其对商标权人的侵害已经发生，无论收货人是谁、收货地在何处，均不能改变侵权行为已经实施、侵权结果已经发生的事实。

相反,上海地区的法院则普遍认为网购收货地属于侵权行为实施地,这也是很多商标权人选择通过公证购买的方式将上海某地作为收货地,以达到在上海提起侵犯商标权诉讼的目的。例如,(2013)杨民三(知)初字第72号案件中,上海市杨浦区人民法院认为,收货地址是杨浦区,且该商品已实际交付,故可以认定收货地为侵权行为实施地。再如(2016)沪民辖终230号案件中,上海市高级人民法院亦认为,被告被控的侵权行为系通过网络销售涉案侵权产品,并通过快递方式将被控侵权产品快递至上海市徐汇区,故该收货地址为被控侵权行为实施地。

浙江省高级人民法院对于将网购收货地作为管辖地也持否定观点。例如,(2015)浙辖终字第123号案件中,浙江省高级人民法院认为,若仅以网购收货地作为管辖连接点的话,由于网购收货地并不确定,可由买家随意指定而成,若引入网购收货地作为知识产权侵权案件的地域管辖连接点,即相当于引入一个打破既有管辖规则的动态连接点,权利人可通过指定收货地的方式,任意选择受诉法院,显然会导致管辖连接点的随意化和分散化。

从以上的判例可以看出,各地的法院对于是否将网购收货地作为侵权行为实施地或者侵权结果发生地在过往的一段时间内还存在不同观点,有的省份省内各法院也存在不同观点。诚然,在侵犯知识产权类案件中,将网购收货地或者公证购买收货地作为确定管辖法院的要素,势必导致管辖连接点的随意化,使其似乎完全掌握在了购买人手中。在此问题上,最高人民法院一锤定音,明确指出网购收货地或者公证购买收货地不能视为侵权行为实施地或者侵权结果发生地。在(2016)最高法民辖终107号案件中,最高人民法院对这一问题进行了详细的论述，其认为，侵犯知识产权案件和不正当竞争案件均属于侵权类案件，《民事诉讼法》第二十八条规定，因侵权行为提起的诉讼，由侵权行为地或者被告住所地人民法院管辖。《最高人民法院关于适用〈中华人民共和国民事诉讼法〉的解释》（以下简称《民事诉讼法司法解释》）第二十四条规定，《民事诉讼法》第二十八条规定的侵权行为地，包括侵权行为实施地、侵权结果发生地。侵犯知识产权案件中，由于附着了商标或者其他权利的商品具有大范围的可流通性，如何确定侵权行为地有不同于一般民事纠纷案件的特殊性。根据《商标法司法解释》第六条的规定，在侵犯商标权案件中，除了大量侵权商品的储藏地，以及海关、市场监督管理部门等行政机关依法查封、扣押侵权商品的所在地外，仅侵权行为的实施地或者被告住所地可以作为管辖依据，而不再依据侵权结果发生地确定管辖法院。故本案中，新百伦贸易（中国）有限公司（以下简称"新百伦公司"）认为广东马内尔服饰有限公司（以下简称"马内尔公司"）的侵权行为是基于周某伦的授权，通过"百伦BOLUNE"微信公众账号销售被控侵权产品，参照前述司法解释规定，新百伦公司可以在马内尔公司被控侵权行为的实施地与该公司住所地的人民法院提起诉讼。马内尔公司住所地位于广东省广州市天河区，新百伦公司亦无其他证据证明其在公司住所地之外的有其他地址，故应以该住所地为对马内尔公司相应行为确定管辖的依据。《民事诉讼法司法解释》第二十条规定："以信息网络方式订立的买卖合同，通过信息网络交付标的的，以买受人住所地为合同履行地；通过其他方式交付标的的，收货地为合同履行地。合同对履行地有约定的，从其约定。"该条规定是对《民事诉讼法》第二十三条、第三十四条关于合同履行地的补充。对于以信息网络方式订立的买卖合同，在确定被告住所地或者合同履行地时存在一定的困难，故司法解释对该条进行了明确。由于合同类案件与侵犯知识产权及不正当竞争案件存在较大的不同，合同类案件一般发生在合同当事人之间，且其影响基本仅限于特定的行为和特定的当事人。而在侵犯知识产权和不正当竞争案件中，当事人通过网络购物方式取得被控侵权产品，虽然形式上与"以信息网络方式订立买卖合同"并无区别，但其所提出的侵权主张并非仅针对这一特定的产品，而是包含了特定权利的所有产品；其主张也并非仅针对合同的另一方主体，而可能是与此产品相关的、根据法律规定可能构成侵权的其他各方主体。考虑到上述区别，并考虑到侵犯知识产权案件和不正当竞争案件中对侵权行为地的确定有专门的规定，在此类案件中，如果原告通过网络购物方式购买被控侵权产品，不宜适用《民事诉讼法司法解释》第二十条的规定来确定案件的地域管辖。

（二）侵权商品储藏地

侵权商品的储藏地，是指大量或者经常性储存、隐匿侵权商品所在地。即便《商标法司法解释》对于侵权商品的储藏地进行了解释，但其中涉及的"大量""经常性"等词语仍是约数，均属于不确定性法律概念，实践中又如何认定"大量""经常性"的法律边界，多大量算是"大量"，频率多高算是"经常性"，对此均没有明确的进一步规定，司法实践中把握尺度也不统一。《商标法司法解释》之所以特地明确使用"大量""经常性"等词对侵权商品的储藏地进行限定，主要为了防止知识产权类案件管辖连结点的泛化，提升管辖连结点与案件的密切性和确定性，故对于"大量""经常性"的认定应当采用较严格的认定标准。具体在认定时，还需要结合具体侵权商品的性质、当前经济发展情况、日常生活经验等因素进行考量。如（2017）浙民辖终297号宝洁（中国）有限公司（以下简称"宝洁公司"）诉于某雨侵害商标权管辖权异议案中，宁波市中级人民法院和浙江省高级人民法院关于如何认定"大量"就有着不同的观点。宁波市中级人民法院认为，宝洁公司提交的公证书显示被控侵权商品的发货地为"宁波市江北区洪塘街道洪塘工业区A区188号"，该地址在浙江省宁波市内，通常网购商品存在电商卖家经常在同一发货地邮寄相同商品给全国各地买家的情况，因此该网购商品发货地可以认为是该商品储藏地。笔者认为，宁波市中级人民法院并没有从是否符合"大量""经常性"的角度进行论述，而是从网购商品发货地等同于商品储藏地的角度认定侵权商品的储藏地，应该说宁波市中级人民法院关于该部分的说理是不符合《商标法司法解释》第六条的规定，或者最起码说理是不充分的。

作为被告的于某雨当然不服该裁定，向浙江省高级人民法院提起上诉。于某雨在上诉时称，宝洁公司提供的证据不能证明被控侵权商品发货地即为商品储藏地，原裁定在缺乏证据的情况下，以商品储藏地作为本案管辖连结点，存在不当。浙江省高级人民法院受理于某雨的上诉后经审理认为，本案系侵害商标权纠纷。《商标法司法解释》第六条规定，因侵犯注册商标专用权行为提起的民事诉讼，由侵权行为的实施地、侵权商品的储藏地或者查封扣押地、被告住所地人民法院管辖。前款规定的侵权商品的储藏地，是指大量或者经常性储存、隐匿侵权商品所在地。虽然宝洁公司提供的公证书显示，被控侵权商品的淘宝销售网页标注"库存 2015 件"，但根据日常生活经验，网页显示的库存数量多系销售商为吸引消费者或出于网销便利而自行填写，与真实的库存数量往往不一致，库存的地点也难以确定。在宝洁公司仅能证明有一件被控侵权商品系从浙江省宁波市发货，未提供其他证据佐证的情况下，难以认定于某雨在浙江省宁波市范围内大量或者经常性储存、隐匿侵权商品。

从浙江省高级人民法院的说理不难看出，其直接否定了宁波市中级人民法院关于网购商品发货地等同于商品储藏地的观点，认为是否为侵权商品储藏地还需围绕是否为"大量"或者"经常性"的储存、隐匿侵权商品来判定。在诉讼实践中，作为代理律师如果对于"大量"或者"经常性"的储存、隐匿侵权商品存疑的话，还是慎重选择以侵权商品储藏地作为诉讼管辖地，否则可能会因管辖权异议而无端增加正常诉讼程序的时间。

（三）侵权商品查封扣押地

侵权商品的查封扣押地，是指海关等行政机关依法查封、扣押侵权商品所在地。该条对于查封扣押地进行了限缩性解释，即并非所有的查封扣押地均可以作为具有管辖权的依据，准确把握《商标法司法解释》第六条的重点在于"海关等行政机关""依法查封、扣押"等关键词语的正确理解，此处的行政机关一定是具有行政执法权的机关，即执法主体要适格，但并非包含所有的行政机关，实践中至少包括海关、市场监督管理局等行政执法机关，行政机关依职权行政执法还是依申请行政执法，法律本身并未限定。另外，"依法"查封扣押还特别强调了查封扣押的合法性，包括查封扣押的程序合法性和目的合法性，行政执法机关违反法定程序或者违规查封扣押商品的，该所谓的查封扣押地则不能视为《商标法司法解释》第六条第二款所称的查封扣押侵权商品所在地。实践中，对于行政执法部门违法违规查封扣押侵权商品或者依据因定性错误而采取的查封扣押措施的，当事人或者代理律师可以提起相应的行政诉讼，一在于解除因行政部门查封扣押的错误行为，二在于处于诉讼目的的需要，改变因查封扣押地作为管辖地对于当事人的可能不利因素。

如何正确理解上述侵权商品的查封扣押地，是否还需要考虑侵权商品的使用主体，即是否区分消费者使用侵权商品与生产销售者所生产销售的侵权商品，实践中曾经产生了一些争议。例如，在（2012）民提字第109号案件中，最高人民法院明确指出不包括消费者使用侵权商品的扣押地。该案的基本案情是：2010年11月18日，金杯汽车股份有限公司（以下简称"金杯股份公司"）以日照金通车辆制造有限公司（以下简称"金通公司"）和金杯车辆制造集团有限公司（以下简称"金杯集团公司"）侵犯其注册商标专用权为由，向沈阳市中级人民法院提起诉讼。金通公司在答辩期内对管辖权提出异议。沈阳市中级人民法院一审认为，因法律未对上述被查封扣押财产的主体作限制性规定，因此，该主体不应仅指被控侵权商品的生产者和销售者，还应包括使用侵权商品的消费者。金通公司不服一审裁定，提起上诉。辽宁省高级人民法院二审认为，被控侵权产品已被该局查封、扣押，依据《商标法司法解释》第六条的规定，应认定沈阳市是被控侵权商品的查封扣押地，沈阳市中级人民法院系被控侵权商品的查封扣押地法院，对本案有管辖权。

后最高人民法院提审本案时认为,从立法本意看,该规定以增强案件管辖的确定性,既方便当事人行使诉权,又方便法院审理为目的。如果将消费者使用被控侵权商品的扣押地理解为《商标法司法解释》第六条规定的"侵权商品的查封扣押地",将会增加当事人选择管辖法院的随意性,减损此类案件管辖的确定性,违背有关管辖规定的本意,故《商标法司法解释》第六条规定的"侵权商品的查封扣押地"中侵权商品的主体仅指被控侵权商品的生产者和销售者,不包括使用侵权商品的消费者。

由此可见,无论是选择网络收货地还是消费者使用侵权商品的查封扣押地作为侵权行为地,都会增加当事人选择管辖法院的随意性,这才是法律所禁止的主要原因。司法实践中,已经有相当多的案例表明,地方法院对于"侵权结果发生地"的理解偏差很大,诸如上述两案中,宁波市中级人民法院也曾将网络收货地认定为侵权结果发生地,沈阳市中级人民法院将消费者使用侵权商品的查封扣押地认定为侵权结果发生地。似乎"侵权结果发生地"成了兜底性规定,但却造成了选择管辖法院的随意性。基于此,《商标法司法解释》第六条对侵权行为地进行解释时,删去了"侵权结果发生地"的表述,仅保留了侵权行为实施地。

(四)被告住所地

将被告住所地作为管辖地是确定管辖法院的一般性规定,被告为法人组织或者非法人组织的,被告住所地是指被告主要办事机构所在地,而并非一定是工商登记注册地,因实践中经常出现实际办事机构所在地与工商登记注册地不一致的情况,各个法院有时在到底是以实际办事机构所在地还是工商登记注册地管辖出现一些不确定性，原因多数在于原告往往无法证明被告的实际办事机构所在地，或者说原告提交的证据未能被人民法院采信。司法实践中，如果确能证明办事机构所在地的，应当以办事机构所在地作为管辖法院的确定依据。如（2019）最高法民辖终212号华夏人寿保险股份有限公司（以下简称"华夏保险公司"）股权转让纠纷案中，最高人民法院认为，华夏保险公司提交了其在北京市海淀区用于办公的房产权属证明，以及这些房产的物业管理协议、物业缴费凭证、办公用房照片等证据，以证明其主要办事机构在北京市海淀区，具有事实依据。根据《民事诉讼法司法解释》第三条规定，如果可以明确主要办事机构所在地的，还是应当以主要办事机构所在地作为住所地，只有在主要办事机构所在地无法确定的情况下，才以注册登记地作为住所地。实践中，当事人往往难以举证实际的主要办事机构所在地，或者多数情况下立案庭的法院也不一定认可，通常还是以工商登记注册地作为被告住所地。但也有个别被告为提出管辖异议，会提出证据证明其主要办事机构所在地与工商登记注册地不一致，进而要求变更管辖法院至主要办事机构所在地法院的情况。

对涉及不同侵权行为实施地的多个被告提起的共同诉讼，当事人可以选择其中一个被告的侵权行为实施地向多个被告提起共同诉讼，也可以选择其中一个被告的侵权行为实施地人民法院管辖。

第三节　诉讼时效

侵犯注册商标专用权的诉讼时效为三年，自商标注册人或者利害关系人知道或者应当知道权利受到损害及侵权人之日起算，但在2017年10月1日前已经超出原有两年诉讼时效期间的除外。

一、诉讼时效抗辩提出时间

被控侵权人未提出诉讼时效抗辩的，人民法院是不会对诉讼时效问题进行释明。根据《最高人民法院关于审理民事案件适用诉讼时效制度若干问题的规定》（2020修正），如果被控侵权人认为商标权人提出的侵害商标权的诉讼超过诉讼时效期间的，应当在一审期间提出诉讼时效抗辩；未在一审期间提出诉讼时效抗辩，在二审期间提出的，人民法院不予支持，但是确有新的证据能够证明商标权人的请求权已过诉讼时效期间的情形除外。被控侵权人未按照前款规定提出诉讼时效抗辩，再以诉讼时效期间届满为由申请再审或者提出再审抗辩的，人民法院不予支持。

例如，在再审申请人北京罗盛达服装有限公司（以下简称"罗盛达公司"）因与被申请人福建七匹狼实业股份有限公司（以下简称"七匹狼公司"）侵害商标权纠纷案❶中，最高人民法院认为，当事人在一审期间未提出诉讼时效抗辩，在二审期间提出的，人民法院不予支持。当事人未按照前款规定提出诉讼时效抗辩，以诉讼时

---

❶　（2020）最高法民申2976号。

效期间届满为由申请再审或者提出再审抗辩的，人民法院不予支持。本案中，罗盛达公司未在一审期间提出诉讼时效抗辩，在二审期间提出的，人民法院可以不予支持。故二审判决认定七匹狼公司提起本案诉讼未超过诉讼时效并无不当，罗盛达公司该项申请再审理由不能成立，本院不予支持。

在一审庭审中未提出诉讼时效抗辩，但在庭后提交的代理词中提出诉讼时效抗辩的，是否属于在一审中提出诉讼时效抗辩的情形，对此，最高人民法院是持肯定意见的。其认为，在一审提交代理词或者代理意见中提出诉讼时效抗辩的，仍属于在一审期间提出了诉讼时效抗辩。如再审申请人吉林省清香酒业有限公司（以下简称"清香公司"）因与被申请人烟台张裕葡萄酿酒股份有限公司（以下简称"张裕公司"）、一审被告谢某栋侵害商标权纠纷案❶中，最高人民法院认为，根据本院审查查明，"清香公司委托诉讼代理人左春松向一审法院提交的代理词中记载：原告于2016年7月11日已经明知侵权但却于2018年9月21日才起诉，已明显超过诉讼时效"的事实，清香公司在本案一审代理词中提出了诉讼时效抗辩，二审法院认定清香公司在一审期间没有主张诉讼时效有误。

二、诉讼时效对赔偿责任的影响

关于侵害商标权的诉讼时效对于赔偿责任的影响，可以分为以下几种情况进行理解。

---

❶ （2020）最高法民申1429号。

第一，侵权行为一直处于持续状态，商标权人自知道或者应当知道侵害之日起三年内向人民法院的，不会受到诉讼时效的影响，商标权人可以要求侵权人承担自侵权行为发生时到起诉侵权期间的赔偿责任。如在施耐德电气（中国）有限公司（以下简称"施耐德电气中国公司"）与苏州施耐德电梯有限公司（以下简称"施耐德电梯公司"）侵害商标权及不正当竞争纠纷案❶中，苏州市中级人民法院认为，被告施耐德电梯公司自 2010 年 3 月成立至案件诉讼期间，侵权时间长达 10 年，被告施耐德电梯公司应当对上述侵权期间的侵权行为承担赔偿责任。

第二，侵权行为一直处于持续状态，但商标权人自知道或者应当知道侵害之日起超过三年提起诉讼的，商标权人可以要求侵权人承担的赔偿责任的期间，从向人民法院起诉之日起向前倒推三年。

第三，侵权行为停止后，商标权人知道或者应当知道侵害行为，并在侵权行为停止后三年内向人民法院起诉的，也不会受到诉讼时效的影响，商标权人可以要求侵权人承担自侵权行为发生时到侵权行为停止时的赔偿责任。

第四，侵权行为停止后，商标权人知道或者应当知道侵害行为，但未在侵权行为停止后三年内向人民法院起诉的，商标权人无权再要求侵权人承担赔偿责任。如在再审申请人北新集团建材股份有限公司（以下简称"北新公司"）因与被申请人昆明市官渡区鑫兴吊顶材料经营部（以下简称"鑫兴经营部"）侵害商标权纠纷案❷

---

❶（2019）苏 05 知初 643 号。
❷（2018）最高法民申 4056 号。

中，最高人民法院认为，根据腾工商处字〔2014〕95号行政处罚决定书的记载，2014年9月18日北新公司配合该局查获涉案被控侵权产品，该局当日即对鑫兴经营部涉嫌销售被控侵权产品行为进行立案调查。同日，北新公司出具"鉴定证明"，证明涉案"龙牌"轻钢龙骨属于侵权产品。结合本案案情，可以认定北新公司在2014年9月已经知道鑫兴经营部销售侵犯其注册商标专用权的商品，原审法院将该时间作为诉讼时效的起算时间，并无不当。北新公司主张鑫兴经营部在其经营场所持续悬挂"龙牌"标识，属于持续侵权。本案中，北新公司在原审诉讼程序中提交的照片没有显示拍摄时间，再审申请程序中北新公司补充提交的百度地图街景照片中显示的招牌未显示涉案"龙牌"标识。即使百度地图街景照片能够证明在2016年鑫兴经营部的实际经营场所仍为博美建材市场，也不足以证明鑫兴经营部存在持续使用涉案"龙牌"商标的行为，更不能证明鑫兴经营部存在持续销售的侵权行为。因此，在鑫新经营部明确提出诉讼时效抗辩主张的情况下，二审法院认定北新公司起诉超过诉讼时效，并无不当。裁定驳回北新公司的再审申请。

三、诉讼时效起算时间点

侵害商标权诉讼时效的起算日是从商标权人知道或者应当知道侵权行为和侵权人之日起算，只知道或者应当知道侵权行为，而不知道或者不应当知道侵权人的，不能从知道或者应当知道侵权行为之日起算，应当在同时知道或者应当知道侵权人之日起算。例如，再审申请人晋安区荣盛建筑装饰材料店（以下简称"荣盛材料店"）

与被申请人肇庆浩宏新材料有限公司（以下简称"浩宏公司"）侵害商标权纠纷案[1]中，最高人民法院认为："《中华人民共和国民法总则》（以下简称《民法总则》）第一百八十八条规定，向人民法院请求保护民事权利的诉讼时效期间为三年，自权利人知道或者应当知道权利受到损害及义务人之日起算。我国民事诉讼时效制度的初衷是敦促当事人及时行使诉讼权利，应本着保护权利人合法权益、促进社会经济繁荣和发展的基本理念执行诉讼时效制度的相关规定。在当事人有相应证据证明其已经积极维护自己合法权益的情况下，应从宽掌握诉讼时效的认定。本案中，虽然浩宏公司于2015年11月23日向鹭江公证处申请保全证据，但由于申请公证保全时侵权主体尚不确定，直至2016年1月19日公证处公证员及工作人员与浩宏公司委托代理人至荣盛材料店进行公证保全，获知荣盛材料店存在被控侵权行为时，浩宏公司才知道或应当知道其商标权受到荣盛材料店的侵害，故诉讼时效应自此时开始起算。因而，浩宏公司于2018年12月第一次提起诉讼时，并未超过诉讼时效。《民法总则》第一百九十五条第三项规定，权利人提起诉讼或者申请仲裁的，诉讼时效中断，从中断、有关程序终结时起，诉讼时效期间重新计算。根据上述规定，本案诉讼时效在浩宏公司第一次提起诉讼时起，诉讼时效发生中断，应重新计算；故至浩宏公司于2019年9月提起本案诉讼时，亦未超过诉讼时效。"此外，根据《民法总则》第一百九十六条规定，请求停止侵害不适用诉讼时效的规定，因而浩宏公司的第一项诉讼请求，即'判令荣盛材料店立即停

---

[1] （2020）最高法民申5884号。

止销售侵犯涉案商标专用权的商品的行为'的诉讼请求不适用诉讼时效制度，仅第二项关于赔偿的诉讼请求须适用诉讼时效制度。但如前所述，本案浩宏公司提起本案诉讼并未超过诉讼时效期间。"

上述案例中，关于浩宏公司在2018年12月向人民法院提起过诉讼但又撤诉的情形，是否一定会导致诉讼时效中断，实务中存在争议。例如，2011年《全国民事审判工作会议纪要》第六十四条："当事人起诉后又撤诉或者人民法院依法裁定按撤诉处理的，不引起诉讼时效的中断。但起诉后起诉状已送达相对人后又撤诉或者被裁定按撤诉处理的，诉讼时效于起诉状送达相对人之日起中断。"就该案而言，并未审查浩宏公司2018年12月4日撤诉时起诉状副本的送达情况下，认定诉讼时效中断是值得商榷的。

如何证明商标权人知道或者应当知道侵害行为，或者何时知道，要达成什么程度的证明标准，对于被控侵权人来说是非常重要的，这关乎最终确定赔偿责任计算期间的问题，甚至于是否超过诉讼时效，现行的司法解释也没有给出明确的规定。但笔者认为，从保护商标专用权的角度来说，应当对于被控侵权人提出的关于商标权人知道或者应当知道侵权行为的证明标准或者推定标准进行较为苛刻规定，以保护商标权和严厉打击侵害商标权的行为。

第二章 侵害商标权行为的类型

第一节 商标权保护范围

一、商标权基本权能

要弄清楚商标权的保护范围，必须首先弄清楚商标权的基本权能。商标权具体包括商标专用权和禁用权两部分。

（一）专用权

注册商标专用权以核准注册的商标和核定使用的商品为限，也就是说商标权人只能在经商标局核定的商品或者服务上使用核准注册商标，凡是在超出核定的商品或者服务上使用核准注册商标或者在核定的商品或者服务上将核准注册商标变形后使用的，都不属于注册商标的正确使用，也不能取得相应的专用权利。针对违规使用情形，任何人都有权向当地的市场监督管理部门投诉举报，当地的市场监督管理部门也可以主动进行查处并要求限期改正，逾期不改正的，由商标局撤销其注册商标。

核定的商品或者服务名称是根据《类似商品和服务区分表》列

明的商品或者服务名称确定的,商标注册申请人在提出商标注册申请时,依据《类似商品和服务区分表》列明的商品或者服务名称填写商标注册申请表,商标局也是根据商标注册申请人选择的商品或者服务名称进行审查,经审查符合商标法规定的,予以核准并及时予以公告,因此,被核定的商品或者服务名称是明确、具体的。商标注册申请人提出商标注册申请所提交的商标图样一经递交商标局后是不可更改的,商标局经审查符合商标法规定的,核定后的商标也是固定的。

商标是固定的,所核定使用的商品或者服务的名称是明确、具体的,故注册商标专用权的权利边界也应当是清晰、明确的。在核定的商品或者服务上使用核准注册的商标属于商标权人的专用领地,任何人未经许可,不得踏足。正如孔祥俊教授所言:"注册商标权人的卧榻之侧是不允许他人酣眠的。"商标法给予注册商标专用权也是绝对的强保护,只要在同一种商品或者服务上使用与注册商标相同的商标的,就认定为商标侵权,基本上不再考虑混淆因素。情节严重构成犯罪的,还要被依法追究刑事责任。

例如,在《最高人民法院发布第十六批指导性案例》第 87 号指导案例郭某升、郭某锋、孙某标假冒注册商标案中,对于在同一种商品上使用与注册商标相同的商标的行为就给予了绝对的强保护,三人均以假冒注册商标罪被追究刑事责任。该案的基本案情是:2013 年 11 月底至 2014 年 6 月,被告人郭某升为谋取非法利益,伙同被告人孙某标、郭某锋在未经三星(中国)投资有限公司授权许可的情况下,从他人处批发假冒三星手机裸机及配件进行组装,利用其在淘宝网上开设的"三星数码专柜"网店进行"正品行货"宣传,并以明显低于市场价格公开对外销售,共计销售假冒的三星手机20 000余部,销售金额2000余万元,非法获利200余万元。最终江苏省宿迁市中级人民法院于2015年9月8日作出(2015)宿中知刑初字第0004号刑事判决,以被告人郭某升犯假冒注册商标罪,判处有期徒刑5年,并处罚金人民币160万元;被告人孙某标犯假冒注册商标罪,判处有期徒刑3年,缓刑5年,并处罚金人民币20万元;被告人郭某锋犯假冒注册商标罪,判处有期徒刑3年,缓刑4年,并处罚金人民币20万元。宣判后,三被告人均没有提出上诉,该判决已经生效。

凡是被核准注册的商标,不论是商品商标还是服务商标,应当受到同等的法律保护,商标权的效力应当辐射到全国范围的相关领域,并不以商标权人的商标在该商品或者服务等相关领域的影响力是否覆盖全国范围,或者商标权人实际使用的地区为限,这也是法律为注册商标预留的使用空间。例如,北京巴黎春天摄影有限公司诉王某侵害商标权及不正当竞争纠纷案❶中,江苏省高级人民法院认为,商标法对于服务商标和商品商标给予同等保护的立法精神,如果一味强调注册商标知名度已经到达全国范围或者某一区域的,就会导致不合理限缩注册商标专用权的保护范围。该案的基本案情是:原告北京巴黎春天摄影有限公司于2000年9月1日登记设立,经营项目为婚纱摄影等。该公司分别于2000年9月4日、2005年8月25日申请注册"巴黎春天 paris spring"图文组合商标及"巴黎春天"文字商标,核定服务项目为第42类"婚纱摄影;摄影(截

---

❶ (2012)苏知民终字第0120号。

止）"。被告王某经营的海安县巴黎春天摄影店于 2005 年 1 月 18 日开业，经营项目为照相服务。该店在门头标注"巴黎春天婚纱摄影"字样，其中"巴黎春天"4 字居左，字形较大。北京巴黎春天摄影有限公司认为王某的行为侵害其商标权，构成不正当竞争，故诉至法院。一审法院认为，服务商标的侵权判断需要考虑涉案商标的知名度，由于涉案服务商标的知名度尚未覆盖至被告经营的区域，故认定被告的行为不构成商标侵权。江苏省高级人民法院经过审理后认为，根据商标法对服务商标与商品商标给予同等保护的立法精神，以及在全球化及互联网时代，鼓励服务业连锁发展经营的理念，需要为这类商标专用权人预留一定的保护空间。如果一味强调该类服务商标的权利人必须证明其注册商标的知名度已经达到全国范围或某一区域，并以造成现实的实际混淆作为侵权判定标准，则会认为不合理限缩这类服务商标专用权保护的区域范围，最终二审改判，认为被告的行为构成商标侵权。

（二）禁用权

禁用权也称排斥权，也就是商标权人有权禁止他人未经许可，在同一种与类似商品或者服务上使用与其注册商标或者未注册驰名商标相同或者近似的商标，容易导致混淆的行为，也有权禁止他人采用不正当手段损害其注册商标声誉等行为。

如果注册商标属于驰名商标的，该驰名商标权人还有权禁止他人在不相同与不相类似的商品或者服务上使用与其注册商标相同或者近似的商标，以及可能误导公众，致使该驰名商标权人的利益受到损害的行为。

在禁用权的保护上，除在同一种商品上使用相同商标的情形给予注册商标强保护，即不再考虑混淆因素以外，其他则给予相对的弹性保护，实践中，需要根据商标的知名度高低、本身显著性强弱等而给予强弱不同的保护。在《商标法》第五十七条所列明的侵权行为中，第（一）和第（二）项就是区别性规定，第（一）项不要求混淆性因素，第（二）项要求达到容易导致混淆；《商标法》第十三条第二款和第三款关于未注册驰名商标的同类保护和驰名注册商标的跨类保护中，也明确要求容易导致混淆或者是误导公众，致使该驰名商标注册人的利益可能受到损害的。关于是否容易导致混淆，实践中不但会考虑导致混淆的可能性，也会考虑是否可能导致事实上的混淆。

二、商标权利边界

商标权利边界的确定也称商标权保护范围的确定，其不仅关乎着商标权人利益的充分维护，也关乎着司法机关侵权与否的准确判断。从对商标专用权和排斥权的分析来看，商标权保护范围似乎清晰明确，但实际上是模糊不清的。商标权保护范围的确定不仅要考虑商标本身的显著性强弱、知名度高低，并结合市场实际情况等因素综合确定，甚至有时还涉及同一种与类似商品或者服务，以及相同或者近似商标的认定等因素。

（一）知名度高低和显著性强弱与商标权保护范围的关系

商标权保护范围的大小与商标本身的显著性强弱、商标的知名度高低是相对应的，一般情况下，显著性越强、知名度越高的商标可以获得更宽的保护范围；反之，若注册商标本身显著性较弱，在后续的使用中又没有获得更高的知名度，则其所获得的保护范围就相对窄一些。

例如，中国粮油食品（集团）有限公司（以下简称"中粮公司"）与北京嘉裕东方葡萄酒有限公司（以下简称"嘉裕公司"）、南昌开心糖酒副食品有限公司（以下简称"开心公司"）商标侵权纠纷案❶中，最高人民法院认为，中粮公司第70855号"长城牌"注册商标中的"长城"文字因其驰名度而取得较强的显著性，使其在葡萄酒相关市场中对于其他含有"长城"字样的商标具有较强的排斥力，应当给予强度更大的法律保护。该案的基本案情是：1974年7月20日，中国粮油食品进出口公司天津分公司核准注册了第70855号"长城牌"商标，使用商品为第33类葡萄酒等。1998年4月8日，商标专用权人变更为原告中粮公司。2000年9月21日，中粮公司核准注册了第1447904号"长城"商标，使用商品为第33类米酒等，并未包括葡萄酒项。开心公司成立于1996年7月18日，法定代表人苏某，该公司与中粮公司下属的中国长城葡萄酒有限公司曾签有产品经销协议书，系其经销商，长期经销"长城牌"葡萄酒，后双方因货款问题发生纠纷。1999年5月21日，开心公司向商标局申请了第1502431号"嘉裕长城"商标，该商标于2000年10月7日初审公告。2001年1月6日，中粮公司针对该商标向商标局提出异议。2001年2月16日，苏某等成立了嘉裕公司，

---

❶ （2005）民三终字第5号。

2001年3月18日,开心公司与嘉裕公司签订协议,许可嘉裕公司使用"嘉裕长城"商标。此外,苏某个人还在2001年5月22日申请了第01329181.5和第01329182.3嘉裕长城葡萄酒标贴外观设计专利,并于2002年获得外观设计专利权。2002年3月28日,苏某又申请了3127975号"JIAYUCHANGCHENG嘉裕长城"商标,后该商标因与中粮公司的1447904号商标近似而被驳回。2002年6月21日,开心公司注册了1792430号"嘉裕庄园"商标和1792431号"嘉裕"商标。

2001年10月22日,嘉裕公司与昌黎县田氏葡萄酒有限公司(以下简称"田氏公司")签订委托生产加工"嘉裕长城"葡萄酒合作协议,约定年产量不得低于500吨。2001年11月,嘉裕公司委托烟台欧华酒业有限公司(以下简称"欧华公司")加工生产"嘉裕长城"葡萄酒192.03吨。2003年8月1日,嘉裕公司与秦皇岛洪胜酒业有限公司签订委托生产加工"嘉裕长城"葡萄酒合作协议,秦皇岛洪胜酒业有限公司为嘉裕公司实际加工生产了"嘉裕长城"葡萄酒609.6吨。2004年8月19日,北京市工商行政管理局西城分局对嘉裕公司进行了检查,检查现场发现了"南昌大仓库嘉裕长城系列葡萄酒周报表"和"南昌大仓库嘉裕系列葡萄酒周报表"(南昌大仓库即南昌青云谱化工仓库,以下简称"青云谱仓库")。依据该两份周报表,截至2004年8月10日,青云谱仓库实际库存嘉裕系列葡萄酒23 316箱。依据嘉裕公司和开心公司提供的青云谱仓库库存表,截至2004年9月30日,该仓库实际有被控侵权货物31 757.2箱。另外查明,2001年12月4日,中粮公司向国家工商行政管理总局公平交易局(以下简称"国家公平交易局")

投诉开心公司的"嘉裕长城"葡萄酒仿冒其"长城"葡萄酒，江西省工商行政管理局经调查后认为不构成仿冒，国家公平交易局未持异议。2002年4月，中粮公司又向商标局投诉开心公司侵犯其商标专用权。2002年8月9日，商标局作出《关于"嘉裕长城"商标问题的意见》，指出中粮公司第70855号、第1447904号商标经过长期使用在我国葡萄酒商品上具有较高的知名度，其商标专用权应受法律保护。开心公司的商标系未注册商标，开心公司可以使用，但不得侵犯他人注册商标专用权。开心公司在其生产、销售的葡萄酒产品上使用未注册商标的同时，还使用"嘉裕""长城"文字，有突出"长城"字样之嫌，易造成误认。其后开心公司对其商标使用情况进行了整改，即开心公司所称的整体使用。嘉裕公司生产的被控侵权产品分为"嘉裕长城"和"嘉裕"两个系列共20余个品种，两个系列的产品上均使用了未注册商标及"JIAYUCHANGCHENG"字样，不同处在于"嘉裕长城"系列葡萄酒上标有"嘉裕长城"4个汉字，而"嘉裕"系列葡萄酒上标有"嘉裕"。该案诉讼中，注册并使用在第33类葡萄酒商品上的"长城GREATWALL及图"于2004年11月被国家商标局认定为驰名商标。

最高人民法院在关于嘉裕公司使用"嘉裕长城及图"商标是否构成侵犯中粮公司第70855号"长城牌"注册商标、第1447904号"长城"注册商标专用权的问题上着重对知名度和显著性进行了分析，认为该案讼争的"嘉裕长城及图"商标和第70855号"长城牌"注册商标均系由文字和图形要素构成的组合商标，其整体外观具有一定的区别。但是，第70855号"长城牌"注册商标因注册时间长、市场信誉好等，而具有较高的市场知名度，被国家工商行政管理部门认定为驰名商标,中粮公司使用第70855号"长城牌"注册商标的葡萄酒产品也驰名于国内葡萄酒市场。根据该注册商标的具体特征及其呼叫习惯,其组合要素中的"长城"或"长城牌"文字部分因有着较高的使用频率而具有较强的识别力,在葡萄酒市场上与中粮公司的葡萄酒产品形成了固定的联系,葡萄酒市场的相关公众只要看到"长城""长城牌"文字或者听到其读音,通常都会联系或联想到中粮公司的葡萄酒产品及其品牌,故"长城"或"长城牌"文字显然具有较强的识别中粮公司葡萄酒产品的显著性,构成其主要部分。"嘉裕长城及图"虽由文字和图形组合而成,且其文字部分另有"嘉裕"二字,但因中粮公司的第70855号"长城牌"注册商标中的"长城"或"长城牌"文字部分具有的驰名度和显著性,足以使葡萄酒市场的相关公众将使用含有"长城"文字的"嘉裕长城及图"商标的葡萄酒产品与中粮公司的"长城牌"葡萄酒产品相混淆,至少容易认为两者在来源上具有特定的联系。因此,嘉裕公司的"嘉裕长城及图"商标使用了中粮公司第70855号"长城牌"注册商标最具显著性的文字构成要素,并易于使相关公众产生市场混淆。而且,对于在特定市场范围内具有驰名度的注册商标,给予与其驰名度相适应的强度较大的法律保护,有利于激励市场竞争的优胜者、鼓励正当竞争和净化市场秩序,防止他人不正当地攀附其商业声誉,从而可以有效地促进市场经济有序和健康地发展。尽管在现代汉语中"长城"的原意是指我国伟大的古代军事工程万里长城,但中粮公司第70855号"长城牌"注册商标中的"长城"文字因其驰名度而取得较强的显著性,使其在葡萄酒相关市场中对于其他含有"长城"字样的商标具有较强的排斥力,应当给予强度较大的法律保护。

还例如，谊来陶瓷工业有限公司（沈阳）（以下简称"谊来公司"）与上海福祥旧瓷有限公司（以下简称"福祥公司"）等侵犯商标权纠纷案❶中，最高人民法院认为，"维纳斯"作为罗马和希腊神话中女神的称谓和著名雕塑的固有含义，弱化了其作为瓷砖商标的显著性，谊来公司也没有提供足够证据证明该商标因其大量宣传和使用而使"维纳斯"与其瓷砖产品建立了更为特定的联系，因此给予了保护范围相对较窄的弱保护。该案的基本案情是：原告谊来公司拥有"爱尔发"注册商标，"维纳斯"曾经是"爱尔发"注册商标下的一个系列名称。1999年2月9日，原告向商标局申请"维纳斯"注册商标，同年3月，商标局决定受理并予以公告。2000年4月21日，商标局对该商标核准注册，核准使用范围为商品第19类（瓷砖），注册有效期自2000年7月21日到2010年7月20日。2002年2月，原告在沈阳陶瓷城"亚细亚"店发现被告福祥公司在其亚细亚瓷砖的包装箱上印有"维纳斯"字样，即到沈阳市工商局投诉。

被告福祥公司于1995年取得"亚细亚"注册商标，1999年"维纳斯"作为"亚细亚"注册商标下的一个商品系列名称开始使用。同时"亚细亚"注册商标下还有"丘比特""莫扎特""玛利亚"等若干系列。被告福祥公司将"亚细亚"注册商标及其项下的商品系列，同时印制在亚细亚瓷砖的包装箱上，目的在于区分亚细亚商品的不同规格。1998年以来，亚细亚品牌一直被上海市名牌产

---

❶ （2004）民三终字第2号。

品委员会推荐为"上海名牌产品";2002年上海市工商局授予"亚细亚"商标为上海市著名商标;中国质量管理协会、中国用户委员会授予"亚细亚"牌瓷砖为"2001年度全国用户满意产品";国家质量监督检验检疫总局对"亚细亚"陶瓷地砖批准免检并颁发"产品质量免检证书";2003年9月,国家质量监督检验检疫总局授予"亚细亚"建筑陶瓷"中国名牌产品证书"。2002年2月,被告福祥公司接到沈阳市工商局的通知后,即对"维纳斯"系列产品的包装箱进行了粘贴、拆除、销毁等处理。之后,被告福祥公司未在商品的包装、宣传册上使用过"维纳斯"系列名称。

最高人民法院认为,"维纳斯"作为注册商标在显著性存在先天性的不足,又没有因为后续的使用而使得该商标的知名度得到提高,故对于该商标采取了弱保护的态度。

从上述最高人民法院关于显著性的判断上来看,撇开是否因后续使用而使注册商标知名度得以提升外,单就两个案件中"长城"字样与"维纳斯"字样分别使用在葡萄酒和瓷砖上,很难说"长城"的显著性比"维纳斯"强;对比两个案件,最高人民法院更强调的是通过后期宣传和使用具有较高知名度而获得的显著性,而不是"长城"字样与"维纳斯"字样本身的显著性。"长城"字样的显著性较强的根本原因在于中粮公司后续的宣传和使用行为,使得"长城"字样在葡萄酒市场不但具有较高知名度,也同时提高了"长城"的显著性。反观"维纳斯"字样,因其本身作为雕塑名称来说具有太高的知名度,相比之下,使用在瓷砖上就没有太多的显著性,再加上谊来公司也没有通过后天的宣传和使用行为提升商标的知名度,因而无法使得"维纳斯"字样相对于瓷砖来说具有较强的显著性。

（二）驰名商标的跨类保护

从《商标法》第五十七条所列的侵权行为类型来看，并未体现商标跨类保护的问题，商标权的排斥功能也仅体现在同一种与类似商品或者服务上，禁止他人使用相同或者近似商标的行为，都是以容易导致混淆为考量因素。驰名商标跨类保护不再考虑是否混淆的问题，而考虑是否误导公众的问题，表现为足以使相关公众认为被控商标与驰名商标具有相当程度的联系，从而减弱驰名商标的显著性、贬损驰名商标的市场声誉，或者不正当利用驰名商标的市场声誉等。正如孔祥俊教授在《商标法适用的基本问题》中所说："驰名商标的跨商品类别保护，实质上是突破了当事人之间的竞争关系，而更加明显地以财产权为保护基础，也即驰名商标跨类保护是商标权财产化的重要表现。"

被认定为驰名商标是注册商标获得跨类保护的基本前提，但不是说所有被认定为驰名的注册商标都给予同等强度的跨商品类别的保护。司法实践中，被认定为驰名注册商标的其驰名程度高低并不必然相同，因此驰名注册商标跨商品类别保护到底跨多远完全取决于注册商标本身驰名程度的高低，也即驰名注册商标驰名程度越高其所跨商品类别就越远，反之驰名注册商标驰名程度较低，其所跨商品类别就相对较近一些。例如，原告捷豹路虎有限公司（以下简称"路虎公司"）与被告广州市奋力食品有限公司（以下简称"奋力公司"）侵害商标权及不正当竞争纠纷案❶中，原告路虎公司拥有"路虎"等在第12类"陆地机动车辆"等商品上的注册商标专用

---

❶ （2017）粤民终633号。

权,被告奋力公司被控侵权商标主要使用在第32类"不含酒精的饮料"商品上,两个商标核定使用的商品类别差别较大。广东省高级人民法院经审理认为,奋力公司被控商标所使用的商品虽然与路虎公司涉案注册商标核定使用的商品类别不同,但基于路虎公司涉案注册商标的显著性和长期宣传和大量使用,相关公众已将涉案注册商标与路虎公司建立起紧密联系。相关公众看到被控产品及被控标识,容易误以为被控行为获得了路虎公司的许可,或者误以为奋力公司与路虎公司之间具有控股、投资、合作等相当程度的联系,削弱了路虎公司涉案注册商标作为驰名商标所具有的显著性和良好商誉,损害路虎公司的利益。因此,奋力公司的被控行为可能会误导公众、致使路虎公司的利益受到损害,从而构成商标侵权。该案也被评选为当年跨类保护的经典案例。

(三)未注册驰名商标的同类保护

我国商标法是以保护注册商标为主要目标,偶尔会旁及未注册商标的保护,且仅限于未注册的驰名商标。对于未注册驰名商标的保护,主要目的在于弥补商标注册制度的不足。具体法律规定体现在《商标法》第十三条第二款"就相同或者类似商品申请注册的商标是复制、摹仿或者翻译他人未在中国注册的驰名商标,容易导致混淆的,不予注册并禁止使用",以及第五十九条第三款"商标注册人申请商标注册前,他人已经在同一种商品或者类似商品上先于商标注册人使用与注册商标相同或者近似并有一定影响的商标的,注册商标专用权人无权禁止该使用人在原使用范围内继续使用该商标,但可以要求其附加适当区别标识"。

与驰名的注册商标跨商品类别保护不同,未注册驰名商标的保护必须满足两个条件,一是未注册商标必须具有较高知名度,二是仅限于同一种与类似商品或者服务。例如,南社布兰兹有限公司(以下简称"南社布兰兹公司")与淮安市华夏庄园酿酒有限公司(以下简称"华夏庄园公司")、杭州正声贸易有限公司(以下简称"杭州正声公司")侵害商标权纠纷案❶中,江苏省南京市中级人民法院认为,未注册驰名商标承载着相关商品或服务较高的市场知名度和美誉度,应当受到法律保护。行为人违反诚实信用原则,对于明知是他人未在中国注册的驰名商标,利用商标申请在先原则,注册或受让与该未注册驰名商标相同或近似的商标,并使用在相同或者类似商品上,以合法的形式获得不当利益,给权利人造成损害的,人民法院可以根据权利人请求,判决行为人停止侵权并赔偿损失。

该案的基本案情是:南社布兰兹公司系知名葡萄酒品牌"Penfolds"注册商标的权利人。20世纪90年代"Penfolds"葡萄酒进入中国后,南社布兰兹公司将"奔富"作为"Penfolds"葡萄酒的中文名称一直沿用至今。经过南社布兰兹公司长时间、大范围、持续地宣传、销售和推广,"奔富"葡萄酒获得了较高的知名度和影响力,被广大消费者所熟悉和认可。在葡萄酒商品上,"奔富"与"Penfolds"也逐渐形成了唯一对应的关系。《中国食品》《中华工商时报》等媒体将"奔富"作为"Penfolds"的中文翻译使用在宣传报道中,商标局、商评委和人民法院在相关裁定和判决中,曾

---

❶(2018)苏01民初3450号。

多次认定"奔富"与"Penfolds"具有对应性。

华夏庄园公司多次向商标局申请注册"PENFOILLS""PENFUNILS"等与"Penfolds"近似的英文商标，同时还从案外人处受让了"奔富尼澳"中文注册商标，并将"奔富""奔富尼澳""PENFUNILS"等标识大量地使用在其生产的葡萄酒商品上，由杭州正声公司进行销售。经南社布兰兹公司申请，"奔富尼澳"商标被商评委宣告无效，"PENFOILLS""PENFUNILS"的商标注册申请亦被商标局驳回。南社布兰兹公司认为华夏庄园公司、杭州正声公司上述行为侵害了其商标权，提起诉讼要求华夏庄园公司、杭州正声公司立即停止侵权，并赔偿其经济损失及合理维权支出100万元。

南京市中级人民法院经审理后认为：①原告提交的证据表明，其在商品包装、经销合同、广告宣传中大量的使用"奔富（Penfolds）""奔富/Penfolds""Penfolds（奔富）"等标识，相关媒体、经销商、活动举办方等也在报道或商事活动中将"奔富"与"Penfolds"组合使用，英文"Penfolds""PENFOLDS"与中文"奔富"在相关公众中已形成对应关系，在国内相关葡萄酒消费者中，"奔富"已经具有了区别商品来源的作用。同时南京市中级人民法院从相关公众对"奔富"商标的知晓程度，"奔富"商标使用的持续时间，"奔富"商标宣传工作的持续时间、程度和地理范围，"奔富"商标受保护的记录和"奔富"系列葡萄酒通过线上、线下等多渠道进行销售，销售收入、利润总额逐年快速上升。2017年凤凰网报道"Penfolds/奔富（年成交量已过亿元）"。国际葡萄酒及烈酒研究所提供的数据显示，"Penfolds"葡萄酒在我国进口、销售数量较大等方面对"奔富"商标属于驰名的未注册商标进行了分析认定。②华夏庄园公司、杭州正声公司在明知"奔富"商标由南社布兰兹公司长期宣传和大量使用的情形下，申请注册了多件与南社布兰兹公司具有较强显著性商标相同或近似的商标，且其未对此作出合理解释，华夏庄园公司的行为违反了诚实信用的基本原则，可以确认华夏庄园公司具有明显攀附他人品牌商誉的主观故意。从客观行为来看，华夏庄园公司、杭州正声公司在其生产、销售的葡萄酒商品及相关宣传材料上使用的"奔富"标识与未注册驰名商标"奔富"构成相同，使用的"Penfunils"标识与南社布兰兹公司享有的"Penfolds"注册商标构成近似，属于商标侵权行为。

第二节　侵权类型归纳与分析

根据《商标法》第五十七条及《商标法司法解释》第一条的规定，将侵害商标权的行为梳理归纳如下：①未经许可，在同一种商品上使用与其注册商标或未注册驰名商标相同的商标；②未经许可，在同一种商品上使用与其注册商标或未注册驰名商标近似的商标，或者在类似商品上使用与其注册商标或未注册驰名商标相同或者近似的商标，容易导致混淆的；③销售侵害商标权的商品；④伪造、擅自制造他人注册商标标识或者销售伪造、擅自制造的注册商标标识；⑤未经商标注册人同意，更换其注册商标并将该更换商标的商品又投入市场；⑥故意为侵害他人商标权行为提供便利条件，即为侵权提供仓储、运输、邮寄、印制、隐匿、经营场所、网络商品交易平台等，帮助他人实施侵害商标权行为；⑦在同一种商品或者类似商品上将与他人注册商标相同或者近似的标志作为商品名称或者商品装潢使用，误导公众的；⑧将与他人注册商标相同或者相近似的文字作为企业字号在相同或者类似商品上突出使用，容易使相关公众产生误认的；⑨将与他人注册商标相同或者相近似的文字注册为域名，并且通过该域名进行相关商品交易的电子商务，容易使相关公众产生误认的；⑩复制、摹仿、翻译他人注册的驰名商标或其主要部分在不相同或者不相类似商品上作为商标使用，误导公众，致使该驰名商标注册人的利益可能受到损害的。

  侵害商标权的实质在于破坏了商标的识别功能、品质保障及信誉承载功能。上述所列侵权行为类型，第①至第⑤项、第⑦至第⑩项基本都是破坏了商标的识别功能或者说割裂了商标与商品的联系，使相关公众无法通过商标识别到商品或服务的来源。其中，第⑤项就是我们俗称的"反向假冒"，反向假冒的经典案例莫过于北京市第一中级人民法院审理的北京市京工服装工业集团服装一厂（以下简称"北京服装一厂"）诉鳄鱼国际机构私人有限公司（以下简称"鳄鱼国际公司"）侵害商标权及不正当竞争纠纷案❶。该案中，北京同益广告有限公司（以下简称"同益公司"）在百盛购物中心设立专柜，与百盛购物中心联合销售"鳄鱼"牌及"卡帝乐"牌商品。同益公司将购买的"枫叶"牌西裤的商标撤换为"卡帝乐"商标，以高于原价198%的价格出售。"枫叶"牌西裤的生产商北京服装一厂认为该行为侵犯其合法权益，遂以百盛购物中心、同益公司、鳄鱼国际公司等为共同被告向法院提起诉讼，要求各被告停止侵权行为，赔礼道歉、赔偿经济损失。北京市第一中级人法院

---

❶（1994）中经知初字第566号。

经审理认为，同益公司是利用原告的优质产品为其牟取暴利，无偿地占有了原告为创立其商业信誉和通过正当竞争占有市场而付出的劳动，其行为违反了诚实信用、公平竞争的基本原则，妨碍原告商业信誉、品牌的建立，使原告的商业信誉受到一定程度的损害，正当竞争的权利受到一定的影响。因此，同益公司的行为构成侵害商标权，应承担相应的法律责任，包括赔礼道歉、消除影响、赔偿损失。

那么，将他人注册商标更换后，并没有投入市场，是否构成反向假冒，或者说是否属于侵害商标专用权的行为？商标是商品和消费者之间的联系纽带，是消费者辨认和选择商品的标记。反向假冒行为令商标与商品分离，导致商标权人无法通过商品的销售展示商标，无法将商品的良好声誉累积在商标上以提高商标的知名度，实现和发挥商标激发和维持消费者购买自己商品的功能。例如，在徐州工程机械集团有限公司、徐工集团工程机械股份有限公司、徐州徐工筑路机械有限公司与青州装载机厂有限公司侵害商标权、不正当竞争纠纷案中❶，上海市浦东新区人民法院认为，只有在市场的商品流通中，通过商品的销售，消费者才能知晓商品的高质量，商标与商品才能建立联系，商标才能作为商业信誉的载体发挥功能，故如果更换商标的商品未投入市场进行销售，则未发生割裂商标与商品之间联系的结果，难以认定构成反向假冒的商标侵权行为。

第⑥项主要是指帮助侵害商标权的行为，具体表现为他人侵害商标权提供仓储、运输、邮寄、印刷、隐匿、经营场所、网络商品

---

❶ （2013）浦民三（知）初字第775号。

交易平台等。在商户租赁市场管理者铺面从事生产经营活动中，市场管理者对于商户可能侵害商标权的行为是否承担帮助侵权或者共同侵权的责任，主要根据市场管理者与商户具体管理内容进行定性。若市场管理者与商户并非一般的租赁关系，其直接参与商户的经营活动的，消费者也认为市场管理者就是交易相对方的，就应当与商户承担共同侵害商标权的法律责任。例如，三六一度（福建）体育用品有限公司（以下简称"三六一度公司"）与南京玉驰商务服务有限公司（以下简称"玉驰公司"）、吴某侵害商标权案❶中，江苏省高级人民法院认为，玉驰公司在商业宣传、商品审验、收款、开票等诸多环节均直接参与了商户的经营活动，并以提取扣点的方式从商户经营所得中分成，据此可以认定两者构成共同经营。同时玉驰公司要求商户"使用本市场统一的信誉卡"、设收银台统一收款、以自己的名义向消费者开具小票等行为，客观上也使消费者当然地视其为商品销售者。如果商品存在质量问题等，消费者可能直接与商户交涉，也可能直接要求玉驰公司解决。事实上，《南京玉桥大厂市场管理规定》中载明的"先行赔付制"，意味着玉驰公司自身也认可其对消费者应该直接承担民事责任。综上，涉案侵权行为系玉驰公司与吴某共同实施，应共同承担民事责任。

相反，如果市场管理者与商户仅为普通的租赁合同关系，并不参与商户的生产经营活动，在收到商标权人发出的侵权警告函后，对可能存在的被控侵权行为采取合理、必要措施的，市场管理者就不应对商户侵害商标权的行为承担责任。例如，路易威登马利

---

❶ （2013）苏知民终字第52号。

蒂公司与王某、南京淘淘巷商业管理有限公司（以下简称"淘淘巷公司"）侵害商标权利纠纷案❶中，江苏省高级人民法院认为，在路易威登马利蒂公司发函告知王某等商户的侵权行为后，淘淘巷公司立即召开会议并发出通知，指出王某等商户存在销售假冒路易威登马利蒂公司涉案商标专用权的行为，王某也承诺不再销售假货。最终，法院认定淘淘巷公司主观上没有放任侵权行为，客观上也已尽到管理、监督、检查、批评等义务，不存在过错，不应当对王某的侵权行为承担民事责任。

侵害商标权除表现为破坏了商标的识别功能，还表现为损害了商标的品质保障和信誉承载功能，也即商标权人对降低商品或服务品质、减损或者损害其商标所负载商誉的商标使用行为有权制止，属于《商标法》第五十七条第一款第（七）项给商标权人造成其他损害的行为。对此，江苏省高级人民法院认为，将正品重新包装并贴附权利人商标后再行出售的行为是否构成侵害商标权，关键在于判断重新包装的行为是否损害了商标的品质保障功能，是否对商标权人的商誉造成损害。如果重新包装再转售的行为并未对商标的品质保障功能造成损害，则该行为属于合法的商品转售行为，适用权利用尽原则。但如果被控侵权人将较低质量标准的商品或服务通过改变包装等形成按较高质量标准的商品或服务出售或提供，则被控侵权人的行为即便未造成消费者混淆，也构成侵害商标权。

在笔者协助地方市场监督管理部门办理的一起杜蕾斯避孕套分装销售的案件中，当时就是否涉嫌侵害商标权出现了一些争议。基

---

❶ （2013）苏知民终字第 59 号。

本案情是：当地的一家酒店购买大盒包装的杜蕾斯避孕套，后分装成小包装盒放置在酒店的每一个房间。当地市场监督管理部门接到举报后，及时到现场查获了上述分装的小包装杜蕾斯避孕套和未来得及分装的大盒包装杜蕾斯避孕套，经杜蕾斯避孕套公司的相关人员到现场辨认后，确认无论是分装的小包装杜蕾斯避孕套还是未来得及分装的大盒包装杜蕾斯避孕套，还是避孕套本身和大小包装盒都是杜蕾斯公司生产制造或者委托制造的产品。那么问题来了：当地酒店的分装行为是否侵害了杜蕾斯公司的注册商标专用权呢？笔者在协助当地市场监督管理部门就是否涉嫌侵权提出了如下观点：当地酒店分装后再次销售的行为并未侵权杜蕾斯公司的注册商标专用权，理由是分装行为既未造成商标识别功能的损害，也未造成商标品质保障和信誉承载功能的损害，分装行为本身属于合法的转售行为，应当属于商标权利用尽。相反，如果当地酒店分装时使用粗制滥造的包装盒分装杜蕾斯公司的产品，或者将杜蕾斯公司的低端产品分装到杜蕾斯公司高端产品的包装盒等行为，应当都属于侵害了杜蕾斯公司注册商标的品质保障及信誉承载功能。

又例如，不二家（杜州）食品有限公司（以下简称"不二家公司"）诉钱某良等侵害商标权纠纷案[1]中，杭州市余杭区人民法院认为，商标具有识别商品来源的基本功能，也具有质量保障和信誉承载等衍生功能。商标的功能是商标赖以存在的基础，对于商标的侵害足以达到损害其功能的程度的，不论是否具有市场混淆的后果，均可以直接认定构成商标侵权行为。

---

[1]（2015）杭余知初字第416号。

该案的基本案情是：1986年8月30日，株式会社不二家公司分别取得了第261198号"不二家"、第261199号"FUJIYA及图"注册商标，核定使用商品均为第30类，包括糖果、饼干等。后均经续展注册有效期至2016年8月29日。2013年3月7日，株式会社不二家公司取得了第10368531号"POKO"、第10368528号"Peko"、第10214128号"儿童头像"注册商标，核定使用商品均为第30类，包括糖果、饼干等，注册有效期至2023年3月6日。2012年10月14日，株式会社不二家公司取得了第9837251号"儿童头像"注册商标，核定使用商品为第30类，包括糖果、饼干等，注册有效期至2022年10月13日。商标局对株式会社不二家公司报送的许可不二家公司使用第261198号、第261199号、第10368528号、第10368531号、第10214128号、第9837251号注册商标的使用许可合同予以备案，其中第261198号、第261199号商标许可期限自2005年1月1日至2016年8月29日，其余商标许可期限自2013年9月12日至2016年9月11日。2014年2月26日，株式会社不二家公司出具授权书，授权不二家公司使用涉案商标，并授权不二家公司以自己的名义对浙江省内各个地区售点及包材供应商存在的侵害其商标权的行为进行维权，包括但不限于向相关工商、质检、公安等行政机关举报，自行聘请律师进行调查取证、发律师函，向有管辖权的法院起诉、诉讼并追究侵权责任，且不限于向授权签发前实施侵权行为的侵权人主张权利，有效期至2015年12月31日。

2013年12月13日，不二家公司向湖州市吴兴区工商行政管理局举报个体工商户"吴兴良辰喜铺婚庆用品店"（负责人为钱某良）

涉嫌销售侵犯其注册商标专用权的商品。湖州市吴兴区工商行政管理局经检查后，于2014年2月17日作出行政处罚决定书，责令当事人停止侵权行为、消除侵权标识、没收并销毁侵权包装盒及罚款15 000元的决定。

2015年4月27日，湖州市吴兴区工商行政管理局作出吴工商经处字〔2015〕第553号行政处罚决定书，该决定书认定三类规格糖果盒并非株式会社不二家公司及其许可人的产品，其内装的糖果皆为正品"不二家"糖果。最终，作出责令当事人改正及罚款1万元的处罚决定。

杭州市余杭区人民法院经审理分析后认为，虽然钱某良分装、销售的三种规格的涉案产品中的糖果本身系来源于不二家公司，且其使用的三种规格的外包装上也附着了与涉案商标相同或相近似的标识。从相关公众的角度来看，并未产生商品来源混淆的直接后果，但是商品的外包装除了发挥保护与盛载商品的基本功能外，还发挥着美化商品、宣传商品、提升商品价值等重要功能，而钱某良未经不二家公司许可擅自将其商品分装到不同包装盒，且这些包装盒与不二家公司对包装盒的要求有明显差异，因此，钱某良的分装行为会降低涉案商标所指向的商品信誉，从而损害涉案商标的信誉承载功能，属于《商标法》第五十七条第一款第（七）项规定的"给他人的注册商标专用权造成其他损害的"行为，构成商标侵权。

第三章　商标侵权行为判定一般步骤

商标侵权行为作为一种特殊类型的侵权行为，除有着一般侵权行为的基本判定原则外，还有着属于商标侵权领域特有的认定规则，这是基于商标本身的特殊性决定的。笔者根据前人已有的经验总结，并结合自身的知识积累，对侵害商标权行为进行梳理和归纳，整理出判定商标侵权的一般步骤：第一步，应该判断被控侵权标识是否为商标法意义上的商标使用；第二步，被控侵权标识所使用的商品或者服务与注册商标或者未注册驰名商标所使用的商品或服务是否属于同一种和类似商品或服务；第三步，被控侵权标识与注册商标或者未注册驰名商标是否相同或者近似；第四步，被控侵权标识的使用是否足以让相关公众产生混淆、误认；第五步，被控侵权标识的使用是否具有正当的抗辩理由。除《商标法》第五十七条第一款第（四）项"伪造、擅自制造他人注册商标标识或者销售伪造、擅自制造的注册商标标识"的情形外，判定是否构成商标侵权一般须同时满足上述五个步骤涉及的内容，任何一个条件未能满足，都不能判定商标侵权成立。

本章着重介绍商标侵权判定的一般步骤和相关法律术语的正确理解和适用。

第一节 商标性使用判定

关于商标的使用问题,《商标法》第四十八条从使用外观和使用实质的角度完美阐释了何为商标性使用。其是指将商标用于商品、商品包装或者容器及商品交易文书上,或者将商标用于广告宣传、展览及其他商业活动中,用于识别商品来源的行为。被控侵权标识是否为商标性使用是判定商标侵权的首要条件,若不属于商标性使用,就无须再对是否为同一种与类似商品或者服务进行判定,也无须对是否为相同或者近似商标进行判定,更不用对是否容易导致混淆或者被控侵权标识的使用是否有正当的抗辩事由等因素进行判定。

商标性使用不仅应当具有商标使用的形式(有时也称商标使用的外观),更重要的是还须有商标使用的实质。在判定商标性使用时,应当综合商标使用的形式和商标使用的实质两个方面,仅具有商标使用的形式而没有商标使用的实质的,不属于商标性使用。是否为商标性使用不但是判定是否构成商标侵权的前提,也是诉争事项是否适用商标法调整的前提条件。

一、商标使用的形式

判定是否为商标性使用,首先要搞清楚商标使用的形式,《商标法》第四十八条的前半部分虽然规定了商标使用的具体形式,但就内容本身而言仍过于概括。《商标审查审理指南》对商标使用的形式进行了细化。为加强商标执法指导工作,统一执法标准,提升执法水平，强化商标专用权保护，2020年6月15日，国家知识产权局印发了《商标侵权判定标准》，其中第四条、第五条、第六条对于商标使用的形式进行了细化规定，具体如下。

"第四条　商标用于商品、商品包装、容器以及商品交易文书上的具体表现形式包括但不限于：

（一）采取直接贴附、刻印、烙印或者编织等方式将商标附着在商品、商品包装、容器、标签等上，或者使用在商品附加标牌、产品说明书、介绍手册、价目表等上；

（二）商标使用在与商品销售有联系的交易文书上，包括商品销售合同、发票、票据、收据、商品进出口检验检疫证明、报关单据等。

第五条　商标用于服务场所以及服务交易文书上的具体表现形式包括但不限于：

（一）商标直接使用于服务场所，包括介绍手册、工作人员服饰、招贴、菜单、价目表、名片、奖券、办公文具、信笺以及其他提供服务所使用的相关物品上；

（二）商标使用于和服务有联系的文件资料上，如发票、票据、收据、汇款单据、服务协议、维修维护证明等。

第六条　商标用于广告宣传、展览以及其他商业活动中的具体表现形式包括但不限于：

（一）商标使用在广播、电视、电影、互联网等媒体中，或者使用在公开发行的出版物上，或者使用在广告牌、邮寄广告或者其他广告载体上；

（二）商标在展览会、博览会上使用，包括在展览会、博览会上提供的使用商标的印刷品、展台照片、参展证明及其他资料；

（三）商标使用在网站、即时通信工具、社交网络平台、应用程序等载体上；

（四）商标使用在二维码等信息载体上；

（五）商标使用在店铺招牌、店堂装饰装潢上。"

《商标侵权判定标准》详细列明的商标使用于商品或服务上的形式，司法实务中也容易理解。但服务商标有时因其提供服务的特殊性，无法直接标识在服务本身上。例如，提供裸露熟食的餐馆无法直接在商品上标识商标，故经营者一般是通过在装潢、包装或容器上标注字样、图案等方式来使用服务商标。服务提供者也可以在服务场所内、外标明或使用其服务商标，包括服务场所招牌，店堂装饰装潢，服务人员的服装、鞋帽上和提供的餐食包装或容器上等。

二、商标使用的实质

商标使用的实质即商标使用的目的——区分商品或者服务的来源，其意义在于通过商标的使用加强商品和消费者之间的联系。判断商标使用的实质，关键在于判断该商标的使用是否起到了区分商品或者服务来源的作用。

（一）商标性使用须是主动使用

判断是否为商标性使用时，还需要判断主张权利的主体或者被控标识主体是否是主动使用相应的标识。权利主体主张某一标识为未注册商标而请求依据《商标法》第十三条第二款对权利进行保护时，其必须具有将该标识作为商标主动使用的行为，如果只是他人将某一名称或者标识指称其特定产品，而该权利主体并未将该标识用作商标的意思表示的，就不属于主动使用，也就不能将该标识认定为商品的商标。例如，辉瑞产品有限公司（以下简称"辉瑞公司"）、辉瑞制药有限公司（以下简称"辉瑞制药公司"）与江苏联环药业股份有限公司（以下简称"联环公司"）等侵害未注册驰名商标权纠纷案❶（以下简称"'伟哥'案"）中，根据最高人民法院查明的事实：1998年9月29日，《健康报》等七篇报道、珠海出版社的"伟哥报告 – 蓝色精灵Viagra"和《海口晚报》等26家媒体的报道中虽然多将"伟哥"与"Viagra"相对应，但均不是辉瑞公司及辉瑞制药公司的主动宣传行为，辉瑞公司及辉瑞制药公司也曾发表声明"万艾可"才是其商品的中文名称，也自认未在中国内地使用过"伟哥"商标。最后最高人民法院裁定认为，虽然多家媒体报道时多以"伟哥"指称"Viagra"，但辉瑞公司及辉瑞制药公司并无将"伟哥"主动作为商标使用的意思表示，不能认定为商标性使用，故最终认定辉瑞公司及辉瑞制药不能将"伟哥"作为未注册的驰名商标主张权利。

该案例主要说明的是相关公众或者其他人员将某一标识指称某一商品，虽已形成稳定的对应关系，但因该标识并非该商品所有人主动使用，该商品所有人对于该标识所具有的知名度和影响力并没有作出贡献，不能当然获得该标识所带来的影响力和知名度。实践

---

❶ 案号为（2009）民申字第312号。

中，我们还会碰到另外一种情况——被控侵权标识不是被控侵权人主动使用或者被要求使用的行为是否属于商标性使用。根据最高人民法院有关"伟哥"案的裁判观点，被控侵权标识不是被控侵权人主动使用的行为，不属于商标性使用行为，也就不能认定为侵害商标权的行为。如笔者办理的一起假冒注册商标罪的刑事案件中，就涉及被控侵权人是否主动使用商标权人注册商标的问题。该案件涉及三方，分别是被控侵权人、商标权人、商品实际使用人。基本案情是：商品实际使用人要求被控侵权人和商标权人合作开发一套设备给商品使用人在生产经营活动中使用，设备开发完成后是以被控侵权人的名义交付给商品实际使用人使用的，因商品实际使用人为规模较大公司，内部具有严格的商品采购系统，要求每一种采购的商品必须对应有一个具有一定知名度的商标，故商品实际使用人的采购负责人在其内部采购系统建立料号时，就擅作主张地以商标权人的商标为欲采购的被控侵权人的商品建立料号，而商标实际使用人的仓库收货人员在收取商品时，发现被控侵权人交付的商品上没有贴附与其内部建立料号相一致的商标，就拒绝收货，并要求要求被控侵权人交付的货物必须贴附与商品使用人采购系统显示的商标一致的标签。无奈之下，被控侵权人就只能按照商品实际使用人的要求，打印与商品实际使用人采购系统相一致的商标贴附在商品上。后来商标权人就以被控侵权人未经许可使用其注册商标为由向事发地公安机关报案，当时公安机关以假冒注册商标罪立案侦查，笔者是在审查起诉阶段接受被控侵权人的委托介入本案，当时笔者就向办案的检察机关提出一个问题：被控侵权人贴附商标的行为是否属于主动性使用，如果不是，就不属于商标性使用；如果不是商标性使用，就不可能认定为商标侵权的问题。检察官在详细听取了笔者的意见后，采纳了笔者的辩护意见。

（二）商标性使用需结合使用形式和实质综合判定

是否为商标性使用的判定是构成商标侵权判定的首要前提，不但要结合商标使用的形式，还要综合判断被控标识的使用是否起到了区分商品或者服务来源的作用。若既具有商标使用的外观，又符合商标使用的实质，就应当判定为商标性使用。如在齐齐哈尔大地房地产开发有限公司（以下简称"齐齐哈尔公司"）与上海金茂投资管理集团有限公司（以下简称"金茂公司"）、北京搜狐互联网信息服务有限公司（以下简称"搜狐公司"）侵害商标权纠纷一案❶中，北京知识产权法院认为：齐齐哈尔公司对"金茂""JINMAO"字样的突出使用，属于在经营活动中将之用于自身所提供的服务和对外宣传、销售等商业活动中，足以起到识别涉案楼盘来源的作用。

该案的基本案情是：2001年1月14日，中国金茂（集团）股份有限公司经商标局核准取得第1507872号"金茂JINMAO"商标专用权。该商标核准服务类别为第36类，包括经纪、不动产出租、不动产代理、不动产中介、不动产评估、不动产管理等，注册有效期限至2011年1月13日止。经2006年12月6日、2009年4月9日两次变更，该商标注册人名义变更为中国金茂（集团）有限公司。经核准，该商标续展注册有效期至2021年1月13日。

---

❶ （2020）京73民终2576号。

2000年12月28日，中国金茂（集团）股份有限公司经商标局核准取得第1499793号"金茂JINMAO"商标专用权。该商标核准服务类别为第37类，包括建筑信息、建筑等，注册有效期限至2010年12月27日止。经2006年12月6日、2009年4月9日两次变更，该商标注册人名义变更为中国金茂（集团）有限公司。经核准，该商标续展注册有效期至2020年12月27日。

2009年5月14日，中国金茂（集团）股份有限公司经商标局核准取得第4886500号"金茂"商标专用权。该商标核准服务类别为第36类，包括经纪、不动产出租、不动产代理、不动产中介、不动产评估、不动产管理等，注册有效期限至2019年5月13日止。2009年4月9日，该商标注册人名义变更为中国金茂（集团）有限公司。经核准，该商标续展注册有效期至2029年5月13日。

2009年5月14日，中国金茂（集团）股份有限公司经商标局核准取得第4886519号"金茂"（商标专用权。该商标核准服务类别为第37类，包括建筑信息、建筑等，注册有效期限至2019年5月13日止。2009年4月9日，该商标注册人名义变更为中国金茂（集团）有限公司。经核准，该商标续展注册有效期至2029年5月13日。

2014年10月27日，方兴地产投资管理（上海）有限公司经商标局核准，受让取得上述注册商标。

2016年3月16日，方兴地产投资管理（上海）有限公司经上海市工商行政管理局核准，更名为金茂投资管理（上海）有限公司。2017年4月13日上述商标名义人变更为金茂公司。

2019年5月14日，金茂投资管理（上海）有限公司经上海市市场监督管理局核准,更名为金茂公司。

2010年1月15日,商标局出具"商标驰字〔2010〕第144号"《关于认定"金茂"商标为驰名商标的批复》,认定中国金茂(集团)有限公司使用在商标注册用商品和服务国际分类第36类不动产出租、不动产管理服务上的"金茂"注册商标为驰名商标。上述信息亦由商标局的官方网站中国商标网(sbj.saic.gov.cn)公布。该网站中还公布了《国家工商总局商标局在商标管理案件中认定的293件驰名商标》,其中包括"金茂"商标。

2007年、2008年、2010年至2012年、2014年至2018年,"金茂"被世界品牌实验室评测为"中国500最具价值品牌",并且品牌价值评估逐年上升,2018年的品牌价值评估为232.65亿元。

金茂公司的核心业务包括房地产开发,该公司及其关联公司在全国范围内开发有众多以"金茂"命名的商业、住宅项目,包括上海金茂大厦、上海金茂时尚生活中心、丽江金茂时尚生活中心、长沙梅溪湖金茂广场等。上述项目的经营主体均是经过了金茂公司的同意和许可而使用涉案商标。金茂公司还提交了其自行制作的以"金茂"为字号从事房地产及房地产相关业务的关联企业名录、营业执照、情况说明及企业简介(2017),以证明金茂公司经营情况。

金茂公司及其关联公司经营的商业、酒店及住宅项目亦获得众多荣誉,包括"2018中国品牌年度大奖——中国最具影响力城市地标""2007中国品牌年度大奖""2009中国品牌年度大奖——中国最具影响力城市地标""2017年度综合体商业潜力大奖""2018年度最具典藏价值豪宅项目""最具影响力品质楼盘"等329个荣誉或奖项。上述奖牌、奖杯、证书等照片载于(2019)京长安内经证字第 45931 号、45948 号公证书中。

2019 年 3 月 22 日，北京市长安公证处出具（2019）京长安内经证字第 12749 号公证书载明：打开 360 浏览器，在百度搜索上搜索"齐齐哈尔金茂广场"，点击搜索结果第一项"金茂广场，齐齐哈尔又一地标性时尚商业建筑"，进入搜狐网的相关文章页面，发布时间为 2018 年 7 月 11 日，发布者为"齐齐哈尔广播电视网"；返回百度搜索结果，点击搜索结果第二项"齐齐哈尔第一高楼最新进度！未来的这里都有啥？"，进入搜狐网的相关文章页面，发布时间为 2018 年 11 月 6 日，发布者为"齐齐哈尔在线"，文章中有"齐齐哈尔在建限高 140 米超高建筑金茂广场"等内容，文章配图的楼盘横幅中有"金茂广场"字样。返回百度搜索，点击搜索结果中的"金茂广场–楼盘详情–齐齐哈尔在线"，进入齐齐哈尔在线网的金茂广场项目页面，显示均价为 8900 元/平方米，物业类型为普通住宅，车位 685 个，开发商为齐齐哈尔公司，项目地址为建华区卜奎大街与公园路交汇处西北侧，电话为 0452-2811111；点击详情选项，有楼盘参数、楼盘介绍、周边配套、楼盘公共信息等内容；点击照片选项，有齐齐哈尔金茂广场的照片，效果图中显示楼盘上有"金茂广场""金茂皮草"字样，实景照片中显示在售楼处有"金茂广场售楼处 JINMAO"字样，楼盘围挡上有"金茂广场盛大开盘售楼热线：2811111"字样。

金茂公司主张齐齐哈尔公司未经许可在其开发、建设、销售、管理的地产项目"金茂广场"上使用了"金茂"字样，在条幅广告、项目效果图、项目建设工地围挡、售楼处中使用"金茂"字样，并在齐齐哈尔在线网和搜狐网上对涉案地产项目进行宣传，侵害了金茂公司的商标权。搜狐公司作为搜狐网的运营主体，对上述地产项目进行宣传，也侵害了金茂公司的商标权。

北京市海淀区人民法院认为，齐齐哈尔公司的被控侵权行为包括在其开发、建设、销售、管理的地产项目"金茂广场"上使用了"金茂"字样，并在条幅广告、项目效果图、项目建设工地围挡、售楼处中使用"金茂"字样，以及在搜狐网和齐齐哈尔在线网中对前述侵权行为进行宣传。齐齐哈尔公司对"金茂"字样的使用突出、明显，属于在经营活动中将之用于自身所提供的服务和对外宣传、销售等商业活动中，足以起到识别涉案楼盘来源，即齐齐哈尔公司所提供的服务来源的作用，因此构成商标意义上的使用。

北京知识产权法院经审理后认为：齐齐哈尔公司对"金茂""JINMAO"字样的突出使用，属于在经营活动中将之用于自身所提供的服务和对外宣传、销售等商业活动中，足以起到识别涉案楼盘来源的作用，因此构成商标法意义上的商标使用。

三、商标性使用的其他情形判定

（一）指示性使用是否属于商标性使用的判定

指示性使用是指经营者在商业活动中善意合理地使用他人注册商标以客观说明自己商品或者服务的来源、用途、服务对象及其他商品本身固有的特性，故指示性使用仅具有商标使用的形式，不具有商标使用的实质，不属于商标性使用。

是否为商标性使用应当结合商标使用的形式和商标使用的目

的综合判断。在产品修理、零配件制造、产品销售、产品组装等商业领域中,被控侵权标识的使用仅在于指示商品或者服务特点、内容和来源等,仅具有商标的使用形式,不会对商标权人的合法权益造成损失,应当允许其合理使用商标权人的商标。如普拉达有限公司(以下简称"普拉达公司")与重庆润山置业有限公司(以下简称"润山公司")、重庆润山东方百货有限公司(以下简称"东方百货公司")侵害商标权纠纷一案❶中,重庆市第一中级人民法院认为,东方百货公司为表明所销售的商品的具体信息而善意地使用普拉达公司的注册商标,未使相关公众产生混淆,没有减弱商标的显著性,也未超出商标指示性合理使用的范围,故不构成对上诉人注册商标专用权的侵犯。

该案的基本案情是:普拉达公司是第 1263052 号 "PRADA" 注册商标、第 1260952 号注册商标、第 G758862 号注册商标的专用权人,该三个注册商标均在有效期内。2015 年 6 月 23 日,重庆市公证处出具(2015)渝证字第 28744 号公证书,该公证书所附的照片显示:该商场在商场的外墙上使用了标有 "PRADA" "SalvatoreFerragamo" 等标识的广告;在店铺内收银台的背景墙上有 "PRADA" 标识;在店铺内的灯箱广告上使用了 "PRADA" "MIUMIU" 标识;在 "楼层品牌索引" 一楼 "奢华经典" 中罗列有 "GiorgioArmani、Bally、ErmenegildoZegna、Dior、SaintLaurent……MiuMiu、PRADA……SalvatoreFerragamo、Burberry、Gucci、Fendi、Givenchy、Coach、Celine" 等字样。2015 年 1 月 25 日,东方百货公司与重庆金美西百货有限公司(以下简称"金

---

❶ (2018)渝 01 民终 1317 号。

美西公司")签订采购合同一份,载明:东方百货公司向金美西公司采购一批PRADA品牌的箱包、服饰等产品,东方百货公司销售的商品是平行进口的真品。

重庆市渝北区人民法院认为,商标法以列举的形式规定了商标侵权行为,其核心均为侵权人的行为阻碍了权利人与其注册商标之间的特定联系,即商标识别商品来源的基本功能被阻断。对于使用的目的为指示自己提供的商品或服务的真实来源,且使用方式符合商业惯例,未超过必要限度的,应属商标合理使用行为,使用人不构成侵权。本案中,东方国际广场一楼销售有"GiorgioArmani、Bally、ErmenegildoZegna、Dior、MiuMiu、PRADA、SalvatoreFerragamo、Burberry、Gucci、Fendi、Givenchy、Coach、Celine"等众多奢侈品牌的商品,并非仅销售"PRADA"品牌的商品,其在店铺的背景墙上使用"PRADA"标识符合零售者通常所采用的利用商标表明该区域在售品牌的基本形式,是为了区分销售区域,标明该区域在售的商品品牌,指示东方百货公司销售的商品服务的真实来源,而非为了使消费者产生混淆,没有对涉案商标区分来源的识别功能造成损害,未超出必要限度,属于商标合理使用行为。另外,东方国际广场的外墙上发布了包含"PRADA""SalvatoreFerragamo"等众多品牌的广告,店铺内张贴了"PRADA""MIUMIU"等品牌的灯箱广告,上述宣传使用行为不会造成消费者误认其销售的皮包和服饰等商品的来源,因其销售的商品系真品,并未阻断商标识别商品来源的功能,符合商业惯例,故被告的上述使用行为不构成商标侵权,被告润山公司和东方百货公司无须承担普拉达公司主张的侵权责任。

普拉达公司不服重庆市渝北区人民法院的一审判决提出上诉，重庆市第一中人民法院经审理后认为：东方百货公司在经营活动中制作广告以客观说明自己销售的商品的来源是一种正当的商业行为。东方百货公司在购物中心入口处的外墙广告上、内部的灯箱广告使用包括但不限于"PRADA"文字商标的多种奢侈品品牌商标，其目的是让消费者看到广告就会联想到在东方百货公司有包括"PRADA"在内的多种世界知名品牌的商品销售，不会让消费者产生该店铺经营者系普拉达公司的想法，东方百货公司传达的是销售商品的品牌信息，而不是借此传达东方百货公司自身的商标或经营风格。普拉达公司并未举证证明涉案商品的品质、等级与其在专卖店的商品存在实质性差异，也未举证证明消费者对东方百货公司与商标权人存在关联关系实际产生了误认，以及东方百货公司对商标的使用行为造成消费者对商品来源的混淆和信任度的破坏从而损害商标利益，普拉达公司认为东方百货公司的商标使用对其商标商誉带来毁损的主张不能成立。普拉达公司认为东方百货公司的行为会导致相关公众认为其与普拉达公司之间存在授权经营的商业关系，使相关公众对案涉商品的销售渠道来源产生混淆，在经营者销售的是正品的情形下，这种混淆并不是对商品来源的混淆，仅仅是对经营主体的混淆，在商品来源不会产生混淆的情形下，不属于商标法调整的范畴。

又如德国雨果博斯商标管理有限公司（以下简称"雨果博斯公司"）与北京新世界彩旋百货有限公司（以下简称"新世界公司"）、北京吉旺希服饰有限公司（以下简称"吉旺希公司"）侵害商标权纠纷一案❶中，北京知识产权法院认为，销售门店的店员名牌和店内记账本上的标识既非一般消费者购物的必经接触环节，经营者在店员名牌和店内笔记本上对相关标识的使用也非出于相关公众认牌购物的需要，客观上也难以起到识别商品或服务来源的作用。

该案的基本案情是：2005年12月21日雨果博斯公司受让第1076982号商标，有效期至2027年8月13日；雨果博斯公司受让第1285824号商标，有效期至2019年6月20日；雨果博斯公司受让第1244327号商标，有效期至2019年2月6日；雨果博斯公司受让第1536556号商标，有效期至2021年3月13日。1994年雨果博斯公司进入中国市场。2000年6月，雨果博斯公司使用在第25类"服装、鞋、帽"商品上的"BOSS"商标被列入商标局编制的《全国重点商标保护名录》，在（2004）商标异字第00579号异议裁定中认定第1585396号"BOSS"商标为驰名商标。

2018年9月28日，北京市长安公证处出具（2018）京长安内经证字第44999号公证书显示，来到"BOSSSUNWEN"专柜，店员招揽道："欢迎光临BOSS皮具，您好。"该专柜销售的商品包括暇步士和"BOSSSUNWEN"两种品牌商品。在解答"BOSSSUNWEN"与暇步士的区别是，该店员多次使用"BOSS"称谓指代商品品牌，但在询问"BOSS"后面的几个字母时，店员明确品牌为"BOSSSUNWEN"。店员胸前佩戴的"北彩旋出入证"标注有姓名、职位、员工编号、有效日期等信息，职位备注为"营业员–BOSS皮具"。

---

❶ （2019）京73民终1093号。

北京知识产权法院经审理后认为，被控侵权行为是否属于商标性的使用问题，应当以诉争行为系商标性使用行为为前提。商标性使用的实质在于通过使用商标使得相关公众识别提供该商品或服务的来源，进而起到区分作用。本案中，"欢迎光临"本身属于商业活动中的惯常礼貌用语，在涉案店铺的店招和柜台显著位置均标注"BOSSSUNWEN"商标的情况下，店员对进店顾客说"欢迎光临BOSS"通常不易引起消费者的注意。换言之，店员以"欢迎光临BOSS"的呼叫方式招揽顾客的行为难以起到识别商品来源的作用，因此，无论此种方式系偶然发生，还是新世界公司与吉旺希公司刻意为之，均不属于商标性使用的行为。同时，销售门店的店员名牌和店内记账本上的标识既非一般消费者购物的必经接触环节，经营者在店员名牌和店内笔记本上对相关标识的使用也非出于相关公众认牌购物的需要，客观上也难以起到识别商品或服务来源的作用。

但若打着指示性使用的旗号，实际使用过程中明显超过合理限度，也即实际使用商标的具体形式和程度超过合理范畴的，就可能起到区分商标和服务来源的作用，就会对商标权人的合法权益造成损害，视为商标性使用。如在联想公司与顾某华侵害商标权纠纷一案❶中，江苏省高级人民法院就认为，顾某华的使用行为超出了必要限度，属于商标性使用。

该案的基本案情是：1990年5月30日，中国科学院计算所计算机技术公司经商标局核准注册了"联想"商标，商标注册证号为第520416号，核定使用商品第9类汉卡、微机、计算机外部设备、

---

❶ （2014）苏知民终字第0142号。

传真卡、电源、可编程工业控制器，注册有效期限为1990年5月30日至2000年5月29日。1991年3月30日，该注册商标经商标局核准变更商标注册人名义为北京联想计算机集团公司，2010年12月9日又再次经商标局核准变更商标注册人名义为联想公司，后经核准续展有效期至2020年5月29日。1999年1月5日，"联想"商标被商标局认定为驰名商标。2004年7月14日，联想公司经商标局核准注册了"lenovo"商标，商标注册证号为第3462586号，核定使用商品为第9类计算机存储器、计算机、计算机外围设备、计算机软件（已录制）、笔记本电脑、与计算机联用的打印机、扫描仪（数据处理设备）、集成电路卡、复印机（光电、静电、热）、电传真设备、调制解调器、手提电话、与电视机连用的娱乐器具、个人用立体声装置、随身听、照相机（摄影）、单晶硅、集成电路（商品截止），注册有效期限为2004年7月14日至2014年7月13日。2008年3月4日，"lenovo"商标被国家商标局认定为驰名商标。

2008年11月17日，顾某华经工商部门核准注册成立泰兴市华清电脑配件经营部，经营范围为电脑、电脑耗材、电脑配件零售、维修，经营场所位于泰兴市长征路。江苏省南京市钟山公证处于2013年7月12日出具的（2013）宁钟证经内字第2189号公证书证实：顾某华在其门头及店内装饰多处使用了"lenovo 联想"及"lenovo"标识，上述标识采用了橙色背景与白色字样，颜色醒目、突出。第7页照片打印件可以证实孔某凡所购的鼠标的特征。公证书附件二显示，顾某华就其所销售的该ThinKPad鼠标开具了"lenovo 联想专卖店销售单"。顾某华的名片正面标有"lenovo 联想ThinKPad顾某华华诚电脑销售公司"字样，反面标有"lenovo 联想泰兴旗舰店"字样。顾某华的销售清单连同其名片，也使用了"Lenovo""联想"标识。

一审法院认为：顾某华作为联想公司产品的零售商，为了指明其所售商品的基本信息，应允许其在经营活动中善意、合理地使用联想公司的注册商标，如其可以用叙述性语言或指示性语言表明其店内销售"联想"或"lenovo"品牌的产品，但该使用方式不能超出合理使用的界限，即对联想公司注册商标的使用不会引起一般消费者或者相关公众对商品来源的混淆或误认，也不会引起一般消费者或者相关公众产生联想公司与顾某华之间存在某种特定的商业关系的判断。本案中，顾某华在其店招上仅使用了"联想"及"lenovo"字样，除此之外，再无任何其他说明文字，其店招上的橙色背景与白色字样的使用方式一方面使得颜色醒目、突出，另一方面也使得顾某华店招上的字样与联想公司品牌店的门面规范设计较为接近；另外，顾某华还在其销售单及名片上使用了"lenovo 联想专卖店、泰兴旗舰店"的字样，其对"联想"及"lenovo"的上述使用方式会使前往购买计算机产品的一般消费者或者相关公众误认为该店与联想公司之间存在特定的商业关系，明显已超出合理使用的界限，在未经联想公司许可的情况下，其行为构成对联想公司注册商标专用权的侵犯，应当承担侵权的民事责任。

顾某华不服一审判决，向江苏省高级人民法院提起上诉，江苏省高级人民法院经审理认为：商标的指示性合理使用是指经营者在商业活动中善意、合理地使用他人注册商标以客观说明自己商品或者服务的来源、用途、服务对象及其他商品本身固有的特性，一般要求使用者系基于诚信善意，使用商标的具体形式、程度也应保持在合理范畴之内，且未对商标权人的合法权益造成损害。本案中，顾某华作为"联想"电脑的经销商，可以在经营活动中正当使用"联想"和"lenovo"商标以指示其销售商品的内容与来源，即顾某华可以在其所售商品上通过标签、在店铺上通过"本店销售联想电脑"等合理方式标注"联想"和"lenovo"商标以达到指示商品来源的作用。但顾某华在其经营场所全面使用涉案商标，并在店铺门头、店内装饰、名片、销售清单等处突出使用"lenovo联想""lenovo"等标识。从上述行为可以推断出顾某华具有试图使消费者误认为其与联想公司存在特许经营、加盟、专卖等特定商业关系的攀附故意，客观上也形成了上述效果，显然属于对合理指示商品来源的权利的不当扩张，已经超出了商标指示性使用的合理范畴。此外，顾某华对涉案商标的使用行为对联想公司的商标权益造成了损害。商标的功能不仅在于保证消费者能够通过商标识别商品或服务的来源，使消费者相信使用相同商标的商品或服务具有相同的质量，使商标权人很容易利用商标进行广告宣传，还在于在长期的使用过程中，消费者逐渐将商标与使用商标的商品或服务密切联系起来，商标越来越具有反映与传达商标所有人的商业声誉的价值，从而具有商业声誉载体的功能。本案中，顾某华基于标明商品本身来源的目的而使用涉案商标的行为固然具备正当性，但其在经营场所中全面使用涉案"联想"和"lenovo"商标，容易导致消费者误认为其与联想公司之间存在某种特定商业关系，既不当借助了联想公司涉案商标的商业声誉，也可能在一定程度上割裂了涉案商标与联想公司本身的对应关系，妨碍了联想公司涉案商标功能的完整发挥，对其商标权益形成了不当损害。

（二）涉外定牌加工是否属于商标性使用的判定

涉外定牌加工一般是指国内工厂接受国外公司的委托加工制造某一商品，并且全部出口给国外公司的一种加工形式，也称贴牌加工。判定定牌加工是否属于商标性使用，核心在于定牌加工是否能够起到识别商品或者服务来源的作用。一般情况下，定牌加工的商品全部出口到国外是不会起到识别商品或服务来源的作用，正如常佳公司与上柴公司侵犯商标权纠纷案❶中，最高人民法院再审时认为，商标的本质属性是其识别性或指示性，基本功能是用于区分商品或者服务的来源。一般来讲，不用于识别或区分来源的商标使用行为，不会对商品或服务的来源产生误导或引发混淆，以致影响商标发挥指示商品或服务来源的功能，不构成商标法意义上的侵权行为。

该案的基本案情是：上柴公司系我国注册商标"东风"文字和图形组合商标的商标权人，商标注册证为第 100579 号、第 624089 号。其中，第 100579 号商标由上海柴油机厂（上柴公司前身）于 1981 年注册，核定使用商品为第 1 类（国际分类第 7 类）柴油机，经过续展注册有效期至 2023 年 2 月 28 日。该商标最早由上海柴油机厂于 1962 年 8 月 1 日在我国注册在第 1 类柴油机（内、外销商品），商标注册证号为第 41765 号。第 624089 号商标核定使用的商品为第 7 类柴油机、内燃机配件，该商标由上海柴油机厂注册，注册有效期限为 1992 年 12 月 30 日至 2002 年 12 月 29 日，经过续展注册有效期限至 2022 年 12 月 29 日。上海柴油机厂于 1993 年 12

---

❶ （2016）最高法民再 339 号。

月 24 日经上海市工商行政管理局核准变更企业名称为上柴公司。

2013 年 10 月 1 日，常佳公司与印度尼西亚企业 PTADIPERKASABUANA（以下简称"印尼 PTADI 公司"）签订一份委托书，内容为：印尼 PTADI 公司以"DONGFENG（东风）"商标及标志（证书号码：IDM000089328）商标权人的身份，委托常佳公司依据商标证书号码 IDM000089328 以"DONGFENG（东风）"商标及标志生产柴油机及柴油机组件，出口至进出口商，但仅可以在印度尼西亚销售。该委托有效期至 2017 年 1 月 19 日。印尼 PTADI 公司系在印度尼西亚注册成立的公司，并系印度尼西亚注册编号为 IDM000089328 商标证书登记的"DONGFENG（东风）"商标所有人。该商标注册登记类别为 07 类货品/服务，包括各种电动发电机、交流发电机、柴油发动机和柴油发电机等。该注册商标在印度尼西亚受保护期为 10 年，从 2007 年 1 月 19 日算起。上述委托书签订时，该商标在有效期内。

2013 年 10 月 8 日，常佳公司向常州海关申报出口柴油机配件（包括机体总成、油箱、水箱），运抵国为印度尼西亚，该批货物申报出口共计 228 000 千克，总价为 659 700 美元。上柴公司以常佳公司申报出口的该批柴油机配件涉嫌侵犯上柴公司的注册商标权为由，向常州海关提出扣留申请。常州海关根据上柴公司的申请于同年 10 月 23 日将常佳公司申报出口的上述柴油机配件予以扣留。

根据上柴公司的申请，一审法院常州市中级人民法院于 2014 年 1 月 2 日采取了证据保全措施，在常州海关对被控侵权货物进行拍照及清点数量。该批货物在柴油机机体总成和油箱上的标识与上柴公司涉案商标相同，与印度尼西亚注册编号为 IDM000089328 的商标也相同。

常州市中级人民法院认为，根据法律规定，未经商标注册人的许可，在同一种商品上使用与其注册商标相同的商标的，属侵犯注册商标专用权。适用该规定的前提是首先构成商标法意义上的商标使用行为，不属于商标使用情形的，不落入商标权的保护范围。商标的基本功能是区分商品或服务来源的识别功能，侵犯商标权的本质即是对商标识别功能的破坏，使得一般消费者对商品来源产生混淆、误认。非识别商品来源意义上的使用行为，不构成商标法意义上的商标使用行为，不落入商标权的保护范围。同时认为，在定牌加工过程中全部用于境外销售、在我国境内不进入市场流通领域的附加商标行为，在我国境内不具有识别商品来源的功能，因而不构成商标法意义上的商标使用行为，故常佳公司的行为未落入上柴公司涉案商标权的保护范围，不构成侵权。

二审法院江苏省高级人民法院认为，涉外定牌加工业务涉及全球化背景下的国际贸易分工与合作，对于其是否构成商标侵权的分析与判断，不仅要以我国现行商标法为依据，同时还要充分考虑推动国际贸易发展的现实需求，因而对此类纠纷的解决，特别是法律适用及司法政策的确定，应当充分平衡国内商标权人、国内加工企业与境外商标权人或商标使用权人的利益。一般而言，如果国内加工企业不以销售为目的接受境外委托人的委托，贴牌加工生产的产品全部出口不在国内销售的，以认定国内加工企业定牌加工行为不构成商标侵权为宜。但是，在作出上述不侵权认定时，仍要以国内加工企业对境外委托贴牌的商标本身已尽到合理的审查或注意义务为前提。一方面，国内加工企业对境外委托人在境外是否享有注册商标专用权或者取得合法授权许可应当进行必要的审查，未尽到审查或合理注意义务的，应当认定国内加工企业存在过错，其定牌加工行为构成商标侵权，应承担相应的民事责任。另一方面，对于境外委托人委托贴牌的商标本身不具有正当性的，应当对国内加工企业施加更高的注意义务。2013年修正的《商标法》第七条第一款规定"申请注册和使用商标，应当遵循诚实信用原则"，第十三条还就驰名商标保护作了专门规定，上述规定与《保护工业产权巴黎公约》及《与贸易有关的知识产权协议》规定的精神完全一致。基于此，如果境外企业或个人违反诚实信用原则，涉嫌在境外恶意抢注在我国具有一定影响的商标特别是驰名商标，并委托国内加工企业贴牌加工生产的，应当认定境外委托人的行为不具有正当性，实质性损害了我国商标权人的合法利益，对此，国内加工企业作为同业经营者应当尽到更高的注意义务和合理的避让义务。如果国内加工企业明知或应知国内商标具有一定影响或为驰名商标，而境外委托人涉嫌恶意抢注却仍然接受委托的，应认定国内加工企业存在过错，应承担相应的民事责任。同理，对于国内商标权人违反诚实信用原则，涉嫌恶意抢注境外商标，且有证据表明国内加工企业已经对境外委托尽到必要审查或合理注意义务，所有贴牌加工产品均出口的，基于诚实信用原则，国内商标权人也不能阻却国内加工企业从事涉外定牌加工业务。综上所述，基于对国际公约、我国相关法律法规和我国现阶段经济社会发展现实需求的考量，根据不同情形个案认定涉外定牌加工行为是否构成商标侵权，更加符合我国经济社会发展的实际，这既可以保护正当的涉外定牌加工国际贸易行为，又能够有效防止境内外恶意抢注他人具有一定影响商标特别是驰名商标的不诚信行为的发生。

虽然常佳公司接受印尼 PTADI 公司的订单生产加工的产品全部出口至印度尼西亚，可以认定其行为属于涉外定牌加工行为，但常佳公司系明知上柴公司涉案"东风"商标为驰名商标，仍然接受境外委托，在被控侵权产品柴油机及柴油机组件上使用与上柴公司"东风"商标相同的商标，未尽到合理注意与避让义务，实质性损害了上柴公司的利益，侵犯了上柴公司的注册商标专用权。理由如下：第一，上柴公司的涉案"东风"商标历史悠久，经过其长期使用，已经被认定为驰名商标。经查，涉案第 100579 号商标最早由上海柴油机厂于 1962 年 8 月 1 日在我国注册在柴油机上，且"东风"牌柴油机自 20 世纪 60 年代起就已经出口印度尼西亚等多个国家和地区，在东南亚地区享有良好声誉与较高知名度，该商标也已于 2000 年被商标局认定为驰名商标，受到我国商标法的特殊保护。而印尼 PTADI 公司在印度尼西亚注册中文"东风"商标的时间为 1987 年，晚于上柴公司"东风"商标在我国首次注册的时间和"东风"牌柴油机出口印度尼西亚的时间。第二，印尼 PTADI 公司注册"东风"商标不具有正当性。印度尼西亚使用的官方通用语言为印度尼西亚语，但印尼 PTADI 公司却在"东风"牌柴油机早在 20 世纪 60 年代即进入印度尼西亚市场后，于 1987 年在印度尼西亚注册与上柴公司"东风"商标相同的商标，即以中文"东风"与汉语拼音"dongfeng"为主要部分，其注册明显不具有合理性。上柴公司以其东风柴油机图商标（即第 100579 号商标）在印度尼西亚申请在柴油机商品上注册遭驳回，印尼 PTADI 公司的注册行为构成对其权益的侵犯为由，与印尼 PTADI 公司就"东风"商标的权属在印度尼西亚法院进行过长期诉讼。尽管经过多次诉讼,上柴公司的诉请最终被驳回,但基于以上因素的考虑,仍然有理由相信印尼PTADI公司的注册行为不具有正当性,其返回中国委托贴牌生产,且贴附与上柴公司"东风"商标相同的商标,明显给上柴公司造成实质性损害。第三,常佳公司作为接受印尼PTADI公司委托贴牌生产的国内加工商,应当知晓上柴公司涉案商标系驰名商标,也应当知晓上柴公司与印尼PTADI公司就"东风"商标在印度尼西亚长期存在纠纷,且其曾经承诺过不再侵权,但其仍受托印尼PTADI公司贴牌生产,未尽到合理注意与避让义务,故上柴公司关于常佳公司构成商标侵权,要求其承担民事责任的主张,予以支持。

常佳公司不服二审判决,向最高人民法院提出再审申请。最高人民法院再审认为,商标使用是指将商标用于商品、商品包装或者容器及商品交易文书上,或者将商标用于广告宣传、展览及其他商业活动中,用于识别商品来源的行为。常佳公司与印尼PTADI公司签订委托书接受该公司委托,依据印尼PTADI公司合法拥有的商标权生产柴油机及柴油机组件,并将产品完全出口至印度尼西亚销售。在常佳公司加工生产或出口过程中,相关标识指向的均是作为委托人的印尼PTADI公司,并未影响上柴公司涉案注册商标在国内市场上的正常识别区分功能,不会导致相关公众的混淆误认。考虑到定牌加工是一种常见的、合法的国际贸易形式,除非有相反证据显示常佳公司接受委托未尽合理注意义务,其受托加工行为对上柴公司的商标权造成了实质性的损害,一般情况下不应认定其上述行为侵害了上柴公司的商标权。

在经济发展全球化程度不断加深、国际贸易分工与经贸合作日益紧密的复杂形势下，人民法院审理商标侵权纠纷案件应当结合国际经贸形势发展的客观现实，对特定时期、特定市场的交易形式进行具体分析，准确判断相关行为对于商标权人合法权益的实际影响，才能更为准确适用法律。既要严格依法保护商标权人合法权益，又要防止不适当扩大保护而对正常贸易和竞争秩序造成妨碍。就本案而言，常佳公司作为定牌加工合同中的受托人，在接受印尼PTADI公司的委托加工业务时已经审查了相关权利证书资料，充分关注了委托方的商标权利状态。在印度尼西亚相关司法机构判决相关商标归属上柴公司期间，还就其时的定牌加工行为与上柴公司沟通并签订协议，支付了适当数额的补偿费用。可见，常佳公司接受委托从事定牌加工业务，对于相关商标权利状况已经适当履行了审慎适当的注意义务。二审法院认定常佳公司未经注意合理避让义务，与事实不符。

常佳公司从事本案所涉贴牌加工业务之时，上柴公司与印尼PTADI公司之间的商标争议已经印度尼西亚最高法院生效判决处理，印尼PTADI公司作为商标权人的资格已经司法程序确认。上柴公司自行使用相同商标生产相关或同类相关产品，实际已经无法合法出口至印度尼西亚销售。况且，根据再审查明及上柴公司提交的证据，2004—2007年，上柴公司也是受印度尼西亚被许可方的委托出口"东风及图"商标的相关产品。在此情况下，常佳公司根据印尼PTADI公司授权委托从事涉案定牌加工业务，对于上柴公司在印度尼西亚境内基于涉案商标争取竞争机会和市场利益，并不造成实质影响。虽然商标具有识别商品或服务来源的基本功能，但归根到底，相关公众需求的并非商品标识本身，而是其指示或承载的商品及其良好品质。即便综合国际贸易现实需要进行衡量，也没有足够理由认定常佳公司从事涉案定牌加工行为已对上柴公司造成实质损害，并进而有必要作为商标法意义上的侵权行为予以认定。

上述"东风牌"柴油机涉外定牌加工是否侵害商标权纠纷一案，历经一审、二审和再审程序，在判定是否为商标性使用的问题上，一审法院和最高人民法院的观点基本趋于相同，都认为在全部出口的情况下，不会造成商标本身识别功能的破坏，故认为定牌加工行为不属于商标性使用。相对于江苏省高级人民法院的观点，其认为涉外定牌加工行为会给上柴公司的注册商标造成实质性损害，并没有从是否为商标性使用的角度进行分析认定，似乎更多的是保护一种合法权益了。不管怎么样，最高人民法院关于涉外定牌加工行为的上述观点一出，似乎为争议已久的涉外定牌加工行为是否为商标性使用给出了一盏指示明灯，笔者当时也认为涉外定牌加工行为不属于商标性使用基本上可以盖棺定论了。

时隔三年，在本田株式会社与恒胜鑫泰公司、侵害商标权纠纷一案[1]中，最高人民法院在关于涉外定牌加工行为的定性分析时认为，在生产制造或加工的产品上以标注方式或其他方式使用了商标，只要具备了区别商品来源的可能性，就应当认定该使用状态属于商标法意义上的"商标的使用"。

该案的基本案情是：本田株式会社是一家专业生产摩托车等产品的大型跨国企业，于1988年5月30日经商标局核准注册，取得

---

[1]（2019）最高法民再138号。

第314940号注册商标,核定使用类别为第12类,核定使用商品包括飞机、船舶、车辆和其他运输工具等,该商标专用权期限经续展至2018年5月29日;于1998年8月14日经商标局核准注册,取得第1198975号注册商标,核定使用商品类别为第12类,核定使用商品包括车辆、陆用机动运载器、空用机动运载器、水用机动运载器、汽车、摩托车等,该商标专用权期限经续展至2018年8月13日;于1988年12月17日经商标局核准注册,取得第503699号注册商标,核定使用商品类别为第12类,核定使用商品包括摩托车、拖拉机以及上述商品零部件等,该商标专用权期限经续展至2019年11月9日。恒胜集团公司系1998年9月29日登记注册的有限责任公司,恒胜鑫泰公司系2001年6月19日登记注册的有限责任公司,恒胜鑫泰公司、恒胜集团公司的法定代表人均为万迅,系总公司和子公司关系。2016年6月30日,昆明海关向本田株式会社发出《中华人民共和国昆明海关关于确认进出口货物知识产权状况的通知》(昆明海关知确字〔2016〕40号),告知本田株式会社2016年6月28日,昆明海关下属的瑞丽海关查获申报出口的一批摩托车,商标标识为"HONDAKIT",数量为220辆,昆明海关认为该批货物可能涉嫌侵犯本田株式会社在海关总署备案的知识产权,要求本田株式会社于2016年7月3日前按照《中华人民共和国知识产权海关保护条例》第十四条的规定,向昆明海关提出采取知识产权海关保护措施的书面申请,并提交担保金10万元。2016年8月22日,瑞丽海关向本田株式会社发出《瑞丽海关关于侵权嫌疑货物调查结果通知书》(瑞关知调字〔2016〕2-1号),告知本田株式会社由恒胜鑫泰公司委托瑞丽凌云货运代理有限公司向瑞丽海关申报出口的标有"HONDAKIT"标识的摩托车整车散件220辆，申报总价118 360美元，目的地缅甸，瑞丽海关经本田株式会社申请于2016年7月12日扣留上述货物，经查该批货物系由美华公司授权委托恒胜集团公司加工生产。对于该批出口的摩托车是否构成侵权，海关难以认定。根据《中华人民共和国知识产权海关保护条例》第二十三条规定，本田株式会社可以就上述货物向人民法院申请采取责令停止侵权行为或者财产保全的措施，如海关自扣留上述货物之日起50个工作日内（即2016年9月20日前）未收到人民法院的协助通知，海关将依法放行上述货物。2016年9月13日，本田株式会社向一审法院提起诉讼。

云南省德宏傣族景颇族自治州中级人民法院认为，本田株式会社于1998年分别取得核定使用在第12类商品上的涉案三商标，其权利依法应受保护。恒胜鑫泰公司、恒胜集团公司在其生产和销售的涉案摩托车头罩、发动机盖、左右两边的风挡、铭牌上使用"HONDAKIT"文字及图形，并且突出增大"HONDA"的文字部分，缩小"KIT"的文字部分。恒胜鑫泰公司、恒胜集团公司辩称其行为系受美华公司授权的定牌加工行为，但其提交的通过认证的证据不能形成完整的证据链条，无法确认其行为系受美华公司授权的定牌加工行为。并且从其提交的经认证的证据来看，美华公司的授权商标图样中的"HONDAKIT"文字及图形商标并未突出"HONDA"的文字部分、缩小"KIT"的文字部分，而是同一大小字体的文字及图形，恒胜鑫泰公司、恒胜集团公司所贴附的图样也与美华公司的授权不符。因此，依据《商标法》第五十七条"有下列行为之一的，均属侵犯注册商标专用权：……（二）未经商标注册人的许可,在同一种商品上使用与其注册商标近似的商标,或者在类似的商品上使用与其注册商标相同或者近似的商标,容易导致混淆的;(三)销售侵犯注册商标专用权的商品的"之规定,恒胜鑫泰公司、恒胜集团公司在本田株式会社取得系列注册商标商标权的相同和类似的商品类别为第12类的摩托车上使用"HONDAKIT"文字及图形商标并突出"HONDA"的文字部分、缩小"KIT"的文字部分,其明显在突出和强调涉案商品中"HONDA"文字及图形的使用和视觉效果,构成在相同或者类似的商品上使用与其注册商标相同或者近似的商标,其行为已经构成侵犯本田株式会社注册商标专用权,依法应当立即停止其侵权行为。

恒胜鑫泰公司、恒胜集团公司不服一审判决,向云南省高级人民法院提起上诉。

云南省高级人民法院在对是否属于商标性使用分析时认为,恒胜鑫泰公司、恒胜集团公司使用涉案图标的行为不属于商标法意义上的商标使用行为。根据《商标法》第四十八条规定,商标法在保护商标使用问题上的本意,是保护商标在商业活动中的识别性。以此含义推知,如果某种标识的使用不是在商业活动中用于识别商品的来源,自然不能满足《商标法》第五十七条第一款第(二)项关于"使用"的前提性要求。考察本案情形,恒胜鑫泰公司、恒胜集团公司办理出口的220套摩托车散件系全部出口至缅甸,不进入中国市场参与"商业活动",中国境内的相关公众不可能接触到该产品,因而恒胜鑫泰公司、恒胜集团公司的这种使用行为不可能在中国境内起到识别商品来源的作用,因此这并非商标法意义上的商标使用行为。

在再审程序中，最高人民法院对是否构成商标性使用分析时认为，《商标法》第四十八条规定的"用于识别商品来源"指的是商标使用人的目的在于识别商品来源，包括可能起到识别商品来源的作用和实际起到识别商品来源的作用。

商标使用行为是一种客观行为，通常包括许多环节，如物理贴附、市场流通等，是否构成商标法意义上的"商标的使用"应当依据商标法作出整体、一致解释，不应该割裂一个行为而只看某个环节，要防止以单一环节遮蔽行为过程，要克服以单一侧面代替行为整体。商标使用意味着使某一个商标用于某一个商品，其可能符合商品提供者与商标权人的共同意愿，也可能不符合；某一个商标用于某一个商品以至于二者合为一体成为消费者识别商品及其来源的观察对象，既可能让消费者正确识别商品的来源，也可能让消费者错误识别商品的来源，甚至会出现一些消费者正确识别商品的来源，而另外一些消费者错误识别商品的来源这样错综复杂的情形。这些现象纷繁复杂，无不统摄于商标使用；这些利益反复博弈，无不统辖于商标法律。因此，在生产制造或加工的产品上以标注方式或其他方式使用了商标，只要具备了区别商品来源的可能性，就应当认定该使用状态属于商标法意义上的商标的使用。

本案中相关公众除被控侵权商品的消费者外，还应该包括与被控侵权商品的营销密切相关的经营者。被控侵权商品运输等环节的经营者即存在接触的可能性。而且，随着电子商务和互联网的发展，即使被控侵权商品出口至国外，也存在回流国内市场的可能。同时，随着中国经济的不断发展，中国消费者出国旅游和消费的人数众多，对于"贴牌商品"也存在接触和混淆的可能性。二审法院认定"恒胜鑫泰公司、恒胜集团公司办理出口的 220 套摩托车散件系全部出口至缅甸，不进入中国市场参与'商业活动'，中国境内的相关公众不可能接触到该产品，因而恒胜鑫泰公司、恒胜集团公司的这种使用行为不可能在中国境内起到识别商品来源的作用，因此这并非商标法意义上的商标使用行为"的结论是错误的，本院予以纠正。

上述"东风牌"柴油机案与"本田"摩托车零配件案都属于涉外定牌加工，表面上看最高人民法院对此有着迥然不同的裁判观点，实则为两个案件的案情和时代背景确实发生了很大的变化。正如最高人民法院在"本田"摩托车零配件案所称"随着电子商务和互联网的发展，即使被控侵权商品出口至国外，亦存在回流国内市场的可能。同时，随着中国经济的不断发展，中国消费者出国旅游和消费的人数众多，对于'贴牌商品'也存在接触和混淆的可能性"，即便最高人民法院在"本田"摩托车零配件案中就涉外定牌加工行为的定性提出了观点，但仍然不能想当然地认为，涉外定牌加工行为就属于商标性使用，最终一定会认定为商标侵权，还应当根据具体的案件具体分析。

（三）App 名称是否属于商标性使用的判定

App 标识从构成要素、使用形式及展现位置等方面来看，代表不同的开发商和所提供的商品或服务。另外，App 标识通常由文字、图形或二者组合而成，符合《商标法》第八条对商标的构成要素的要求，代表不同的开发商和所提供的商品或服务。判断是否属于商标性使用，应以商标标识是否用于识别商品或服务来源为

第三章 商标侵权行为判定一般步骤

标准。

2006年北京市高级人民法院在《关于审理商标民事纠纷案件若干问题的解答》关于"如何界定计算机软件商品商标的使用"规定:"除本解答第2条所述商标使用方式外,在安装、运行计算机软件时,显示器显示出的对话框、标题栏、图标及版权页等界面上出现注册商标,表明其所标示的商品区别于其他同类商品的来源的,亦为商标的使用方式。"

在《江苏省高级人民法院侵害商标权民事纠纷案件审理指南》中,根据App的具体用途,将App分为两类:一类是软件企业向相关公众提供的计算机操作程序,用户下载、安装此类App的目的是通过使用其作为计算机程序所具有的功能来解决某一方面的需求,如输入法、浏览器、图片编辑、文字处理等功能,此类App在商品类别上可归入第9类计算机操作程序;另一类App则是企业向相关公众提供商品或服务的平台或工具。对于相关公众来说,其下载、安装、使用App的目的在于以App作为平台或媒介来接受相关经营者提供的商品或服务,是互联网环境下新的商业模式。因此,与传统商品或服务类别的区分不同,App兼具商品和服务的双重属性。尤其是前述第二类App跨越了第9类计算机操作程序,又与其具体提供的商品或服务类别发生重合。故在划分App商品或服务的类别时,既要考虑计算机应用程序的性质,还要考虑其提供的商品或服务的类别,才能对其所属商品或服务的类别作出科学、合理的判断。

App软件名称是否属于商标性使用的问题,应当根据其使用目的进行判断,具有了商标使用的实质,即达到了区分商品或服务来源的目的，则应当判定为商标性使用，否则，就不能判定为商标性使用。如在李某飞、韩某明诉北京新浪互联信息服务有限公司（以下简称"新浪公司"）侵犯注册商标专用权纠纷案❶中，北京知识产权法院认为App软件名称当仅用来描述功能、用途或表征特定用户群体时，并没有发挥区分商品来源的作用，这种使用方式属于描述性使用，不受商标专用权的规制。

该案的基本案情是：2004年12月29日，李某飞向商标局申请注册第4441141号"拍客"商标。2007年9月7日，李某飞、韩某明作为商标共有人获准注册，商标核定使用类别为第9类。从2012年年底开始，新浪公司在新浪网、新浪微博上推出"新浪拍客"Android版、"新浪拍客"iPhone正式版等客户端软件（即App），供用户免费下载。该软件下载之前，客户端上标识为"新浪拍客"及新浪图标；下载之后，客户端上标识仅有"拍客"二字及新浪图标。

北京市海淀区人民法院一审认为，本案中"拍客"一词经过市场相关公众广泛使用，已经成为通用词汇，指称一类人或一类技术工具，李某飞、韩某明虽在2007年申请注册了涉案商标，但其怠于使用及主张该商标权利，并由于大众对该词汇的使用使其成为具有特定人群指向性的特殊词而进入公有领域之中，致使"拍客"一词逐步淡化为通用词汇，其指示商品或服务来源的功能降低，故商标权人对该商标的使用应当受到一定的限制，不能禁止他人对该词语正当的合理使用。本案中，涉案商标虽然难以认定属于商品的通

---

❶ （2015）京知民终第00114号。

用名称，但却是来源于网络社会中人们常用的代表一定文化特征的词汇符号，具有一定的通用化特征，商标权人不能禁止他人善意地、非商标意义上的使用。新浪公司将"拍客"一词使用在其开发的一款App软件上，此时该词语并未发挥表彰和区分其服务来源的作用，而是"新浪"一词及其公司标识起到了指示来源、区分商品或服务的用途。新浪公司在应用软件上使用"拍客"一词，其目的是直接告知消费者该款App的用途，这种使用系对"拍客"一词符号本意的使用，并非商标意义上的使用，属于描述性使用"拍客"一词，应视为商业上的自由表达，属于商业活动允许的正常范围。文字在已经通用化的范围内使用，而不是作为商标使用，且不足以造成相关公众混淆、误认，应认为不构成商标侵权。

李某飞、韩某明不服一审判决，提起上诉。

北京知识产权法院二审认为，无论从法定还是约定俗成的角度来看，"拍客"一词均不能被认定在计算机软件产品（手机客服端App）上已成为通用名称。但随着"拍客"一词的使用与普及，使得"拍客"商标在涉案拍客使用的App软件上作为商标的显著性程度大大减弱，其发挥商品来源功能的效果明显低于其第一含义的指代作用。实际上，消费者在该款App软件上看到"拍客"二字更可能想到的是该款软件的用途或者适用的人群，而非商品的提供者，且其使用均与该公司的"新浪"或相应图标结合使用，能够使得用户清晰地认识到软件产品或服务来源于新浪公司，"拍客"本身并没有发挥区分商品来源的商标性作用，且其并无故意误导公众的主观意图，客观上也不会导致消费者混淆和误认，因此，判决驳回上诉，维持原判。

(四）描述性使用是否属于商标性使用的判定

当注册商标本身具有描述性时，其他生产者出于说明或客观描述商品或服务特点的目的，在必要的范围内使用注册商标，不会破坏商标区分商品和服务来源功能的，不视为商标性使用。如在盛某华与北京世纪卓越信息技术有限公司（以下简称"卓越公司"）、延边教育出版社（以下简称"延教出版社"）侵害商标专用权纠纷一案❶中，江苏省高级人民法院认为描述性使用不属于商标性使用，最高人民法院再审时也认为描述性商标本身的显著性较弱，具有指示服务内容的特点，不得禁止他人对服务类别做正当描述性使用。

该案的基本案情是：江苏省南通市市民盛某华于2005年提出第4919016号"随堂通"文字商标的注册申请，并于2009年获准注册该商标，核定使用在第41类培训、函授课程、课本书籍出版等服务上。2005年，延教出版社社长韩明雄申请"随堂通"文字商标，指定使用在第16类印刷出版物、印刷品、图画等商品上，但该注册申请却在2008年遭到驳回，理由为该标志指定使用在印刷出版物等商品上，直接表示了商品的内容特点，缺乏显著性。

据了解，早在2005年5月，延教出版社出版发行了《课时详解随堂通》等系列教辅图书，并在图书封面上使用了书名"课时详解随堂通"，此后延教出版社在各个版次教辅图书的发行中均沿用了"随堂通"文字。

2009年盛某华的"随堂通"商标获准注册后，延教出版社曾对其提出过注册商标争议申请。2011年国家工商行政管理总局商评委

---

❶ （2012）苏知民终字第0124号。

对该商标争议作出裁定,维持了争议商标的注册。延教出版社在法定期限内并未提起诉讼,盛某华即获得了在第41类核定服务上使用第4919016号"随堂通"商标的专用权。

盛某华认为,延边教育出版社在其出版的图书封面最显著位置及扉页、版权页、前言、封底、书脊、图书条形码贴签等多处广泛和突出使用"随堂通"标识,属于商标意义上的使用,构成商标侵权;在被控侵权图书上用加注副标题的形式突出使用"随堂通"标识,侵犯了其注册在"加副标题"服务上的商标专用权。

江苏省高级人民法院认为,涉案"随堂通"商标是带有描述性文字特点的注册商标,由于该商标未通过长期使用而获得较高知名度,故普通消费者在延边出版社出版的教辅类图书上看到"随堂通"三字,更多地会理解为系作为用以表示学习某项专业知识的效果等的词汇,认为是对商品某种性质或特征的描述,而非标明商品的来源,故"随堂通"商标在区别商品来源方面的显著性较弱,存在着天然的缺陷,商标法的保护也就相对有限,最终判决驳回了盛某的诉讼请求。

最高人民法院再审❶时认为,首先,涉案商标"随堂通"的显著性较弱。由于涉案商标具有"随堂理解"的含义,将该文字使用于教材出版、教育培训等领域时,因为具有指示服务内容的特点,不得禁止他人对服务类别做正当描述性使用。此外,也尚无证据证明涉案商标经过长期大范围的使用获得显著影响从而增加其识别力,因此涉案商标的保护范围和强度均会受到相应的限制。其次,

---

❶ (2013)民申字第937号。

延教出版社对"随堂通"文字的使用系在先的正当使用。延教出版社的被控侵权行为发生于2005年8月，早于涉案商标的申请注册时间，延教出版社没有侵害商标权的主观意图。同时，由于图书类商品的特点，以及涉案商标并未获得显著识别力以至于公众将"随堂通"与其建立固定联系，延教出版社对其在先使用商标的延续使用，并不会造成相关公众的混淆，延教出版社并未侵害盛某华对涉案商标的商标权。最后，鉴于将"随堂通"设置为关键词等行为系延教出版社在图书上使用"随堂通"文字的正常延续，原审法院认定该行为也未侵害盛某华的商标权并无不当。

第二节 同一种与类似商品或者服务判定

一、同一种商品或服务的理解与判定

为叙述方便，除特别说明外，本书中提及相同或者同一种、类似商品时，也包含相同或者同一种类似服务。在商标法的条文中，出现了"相同商品"和"同一种商品"两种表述方式，其中"相同商品"的表述总共出现了2次，分别在第十三条第二款和第二十五条；"同一种商品"的表述总共出现了8次，分别在第三十条，第三十一条，第三十六条，第四十二条，第五十七条第一款第（一）项、第（二）项，第五十九条第三款和第六十七条。在现行法律法规中没有关于"相同商品"的相关释义，笔者也曾与一些律师同行和学者讨论过"相同商品"与"同一种商品"的区别，多数认为实

质上含义一样。但笔者总以为，二者必然存在含义不同之处，否则在商标法中不可能出现"用语"不同的两种表述，否则就可能出现立法不周之处，这种情况实属罕见。笔者也曾试图寻求合理解释二者的区别之处，但有时还有些难以自圆其说。即便如此，笔者还是想试图通过本书，对相同商品和同一种商品的含义解读如下。

说到"相同"，一定是至少两个商品对比后得出的结论，其中至少有一个参照商品供比对。对于《商标法》第十三条第二款的"相同商品"而言，参照商品就是未注册驰名商标所使用的商品，对比商品就是商标注册申请人提出商标注册申请时依据《类似商品和服务区分表》所申报的商品名称，二者比对的结果是相同或者不相同。再来看《商标法》第二十五条"相同商品"中"相同"的含义，在该条中，参照商品就是商标注册申请人依据《类似商品和服务区分表》第一次提出商标注册申请的商品名称，对比商品就是商标注册申请人依据《类似商品和服务区分表》第二次提出商标注册申请的商品名称，二者对比的结果是第二次提出商标注册申请的商品名称与第一次提出商标注册申请的商品名称相同或者不相同，但这里的"相同"并不是说第二次提出商标注册申请的商品名称与第一次提出商标注册申请的商品名称数量和名称都相同，而是说第二次提出商标注册申请的商品名称与第一次提出商标注册申请的商品名称中的部分商品名称相同。例如，第一次提出商标注册申请的商品名称是五个，分别为 A、B、C、D、E，则第二次提出商标注册申请的商品名称可以是 A、B、C、D、E，也可以是 A、B、C，或者是 A、D、E 等形式，也就是说第二次提出商标注册申请的商品名称与第一次提出商标注册申请的商品中数量可以不同，但对应名称相同。由此可见，无论是《商标法》第十三条第二款中的"相同商品"还是《商标法》第二十五条中"相同商品"，其中使用的"相同"表述所要表达的目的在于对比后的"结论"而言，即得出相同或者不相同的结论并非强调对比商品与参照商品本身。故笔者认为，《商标法》第十三条第二款和第二十五条中所提及的"相同商品"并无特殊含义，仅为对比结果而言，并不是指商品本身。

相反，通过观察我们会发现《商标法》第三十条，第三十一条，第三十六条，第四十二条，第五十七条第一款第（一）、第（二）项，第五十九条第三款和第六十七条等条文中只要涉及"同一种商品"的表述时，"同一种商品"的表述前面都有一个"在"字，后面都有一个"上"字。根据现代汉语的表述方式，通常表述为"在……上"的句式时，中间"……"的部分一定是指代某种物品或者物体。故在商标法中出现"在同一种商品上"的表述的，其中的"商品"也一定指代的是"商品"本身。其中的"同一种"也是指至少两个以上的商品对比的结果，即是同一种或者不是同一种，不是指"同一种类"或"同一类"。"同一类"或"同一种类"则是指同属于一个类别，其中包含了相同和不相同但同属于一个类别的商品，故如果把"同一种"的含义理解为"同一种类"，则扩大了"同一种"的认定范围，显然不符合立法本意。因此，笔者认为，在《商标法》第三十条，第三十一条，第三十六条，第四十二条，第五十七条第一款第（一）、第（二）项，第五十九条第三款和第六十七条等所提及的"同一种商品"则指代的是商品本身和对比结果两个内容。这也许就是包括商标法及其司法解释和其他法律法规中在强调是否为"相同的商品"时都是用"同一种商品或服务"的表述，目的在于区分"相同商品"和"相同的商品"所可能产生的歧义。"相同商品"和"相同的商品"的不同之处在于，"相同商品"强调的重点是"相同"，而"相同的商品"强调的重点是除了"商品"本身外，还包括"商品是否相同"等比对结果的含义。

为验证上述分析，以《商标法》第五十七条第一款第（一）项中的"同一种商品"举例说明。"未经商标注册人的许可，在同一种商品上使用与其注册商标相同的商标的"中的"同一种商品"是由"同一种"和"商品"组成，其中的"商品"同时指称的是商标注册人核定使用的"商品"和被控侵权标识所使用的"商品"，"同一种"是指商标注册人核定使用的"商品"和被控侵权标识所使用的"商品"比对后所得出的结论，即相同或者实质相同。

前述主要说明了商标法中关于"相同商品"和"同一种商品"的异同之处，那么到底如何理解"同一种商品"的概念，或者说何为"同一种商品"，现结合现有法律规定和相关意见对"同一种商品"作如下解读。

关于"同一种商品"的定义，在《商标审查审理指南》中，同一种商品是指名称相同的商品，或者名称不同但在功能、用途、主要原料、生产部门、销售渠道、消费对象等方面相同或者基本相同，相关公众一般认为是同一事物的商品。

在最高人民法院、最高人民检察院、公安部关于《办理侵犯知识产权刑事案件适用法律若干问题的意见》（以下简称《两高一部知识产权刑事案件意见》）中，同一种商品是指名称相同的商品及名称不同但指同一事物的商品。"名称"是指商标局在商标注册工作中对商品使用的名称，通常是《商标注册用商品和服务国际分类》中规定的商品名称;"名称不同但指同一事物的商品"是指在功能、用途、主要原料、消费对象、销售渠道等方面相同或者基本相同,相关公众一般认为是同一种事物的商品。

《商标审查审理指南》与《两高一部知识产权刑事案件意见》中关于"同一种商品"的定义似乎具有同一性,都对"名称相同""名称不同但指向同一事物"等名词都做了更为详尽的解释。不可否认的是,无论是《商标审查审理指南》,还是《两高一部知识产权刑事案件意见》,对于"同一种商品"的认定范围有进一步扩大的趋势。司法实践中,要准确理解"同一种商品",就必须准确理解与认定"名称相同""名称不同但指向同一事物"等词语的含义,到底如何理解才能够使它们具有法律的应有之义,也许是限于汉语言本身的多义性,总是无法对每一个法律概念作出极其精准且无任何歧义的法律定义。准确理解"名称相同"及"名称不同但指向同一事物"的准确含义,对律师同行甚至司法机关准确适用法律具有非常积极的意义,尤其是在假冒注册商标罪等刑事案件认定中,其意义更加重大。借此机会,笔者结合自身理解和办理相关案件的感悟,尝试对"名称相同"及"名称不同但指向同一事物"的法律含义进行分析。

第一,提到"名称相同"一定会涉及两种商品名称的比对,否则就无法判断相同或者不相同。《两高一部知识产权刑事案件意见》认为,认定"同一种商品",应当在权利人注册商标核定使用的商品和被控侵权标识所使用的商品之间进行比较,即两个参与比对的商品,一个是商标注册人核定使用的商品名称,另一个是被控侵权标识所使用的商品名称。商标注册人核定使用的商品名称是商标局根据商标注册申请人提出商标注册申请时所申报的、经审查核准后予以核定使用的商品名称,商标注册人核定使用的商品名称与《类似商品和服务区分表》中的商品或者服务名称是一致的,也是明确、具体的,更是比较被控侵权标识所使用的商品名称是否相同的基础和依据。

第二,因实际生产经营中所使用或者呼叫的商品名称与《类似商品和服务区分表》所列明的商品名称存在差异,也因为《类似商品和服务区分表》的商品名称不可能包罗现实生活中所有存在商品名称,故被控侵权标识所使用的商品名称在《类似商品和服务区分表》不一定都有相应的记载,对比后发现两种情况:第一种情况,被控侵权标识所使用的商品名称在《类似商品和服务区分表》中能够直接找到记载一致的商品名称;第二种情况,被控侵权标识所使用的商品名称在《类似商品和服务区分表》中的商品名称中无法直接找到记载一致的商品名称。当出现第一种情况时,非常容易得出比较结果,即直接将被控侵权标识所使用的商品名称与商标注册人核定使用的商品名称比较,若一致,则名称相同,属于同一种商品;若不一致,则名称不相同,不属于同一种商品。江苏省高级人民法院、江苏省人民检察院、江苏省公安厅在《关于知识产权刑事案件适用法律若干问题的讨论纪要》中也持同样观点,他们认为,被控侵权商品与注册商标核定使用的商品在《类似商品和服务区分表》中有各自对应名称的,且通常情况下相关公众也不会认为两者指向同一事物的,一般不应当认定为同一种商品。例如,注册商标核定使用的商品为《类似商品和服务区分表》第二十八类280113雪橇(运动物品),被控侵权商品在《类似商品和服务区分表》中的对应名称为第二十八类280009雪橇刀,通常情形下相关公众不会认为两者指向同一事物,故两者不应当认定为同一种商品。

当出现第二种情况时,因无法直接在《类似商品和服务区分表》中直接找到与被控侵权标识所使用的商品名称一致的商品名称,就无法直接进行比对,这种情况在司法实践中十分常见,那么这种情况又该如何处理?既然已经出现了名称不相同的情况,则可以直接适用"同一种商品"的第二种判定规则,即"名称不同但指向同一事物"进行判定。对于"名称不同但指向同一事物"的理解,《关于知识产权刑事案件适用法律若干问题的讨论纪要》第二条认为:"被控侵权商品实际使用名称在《类似商品和服务区分表》中没有对应记载,但与注册商标核定使用的商品在功能、用途、主要原料、消费对象、销售渠道等方面相同或者基本相同,相关公众一般认为是同一事物的,可以认定为'同一种商品'。例如,注册商标核定使用的商品为《类似商品和服务区分表》第十一类C110020电吹风,被控侵权商品使用名称为插电式风力干发器,且在《类似商品和服务区分表》中没有对应记载,相关公众一般认为两者是同一事物的,可以认定为同一种商品。再如,注册商标核定使用的商品为《类似商品和服务区分表》第九类090342计算机存储装置,被控侵权商品使用名称为移动硬盘,且在《类似商品和服务区分表》中没有对应记载,相关公众一般认为两者是同一事物的,可以认定为同一种商品。"

第三,对于被控侵权标识所使用的商品在《类似商品和服务区分表》有对应名称记载,且与商标注册人核定使用的商品名称不同的,认定为不属于同一种商品,基本上没有争议;但对于被控侵权标识所使用的商品在《类似商品和服务区分表》没有对应名称记载的，根据"在功能、用途、主要原料、消费对象、销售渠道等方面相同或者基本相同，相关公众一般认为是同一种事物的商品"，认定是否属于同一种商品还存在一些争议。一种意见认为，当被控侵权标识所使用的商品名称与商标注册人核定使用的商品名称不一致时，应当先根据被控侵权标识所使用的商品功能、用途、主要原料、消费对象、销售渠道等来确定其在《类似商品和服务区分表》中是否有记载一致的商品名称。如果有记载一致的商品名称，则可以直接进行比对，若一致，则名称相同，属于同一种商品；若不一致，则名称不相同，不属于同一种商品。如果没有找到对应一致的商品名称，则名称不相同，也不属于同一种商品。另一种意见认为，可直接根据"被控侵权标识所使用的商品功能、用途、主要原料、消费对象、销售渠道等是否与商标注册人核定使用的商品相同或者基本相同，相关公众一般认为是同一种事物的商品"原则进行判定是否为同一种商品。根据江苏省高级人民法院、江苏省人民检察院、江苏省公安厅《关于知识产权刑事案件适用法律若干问题的讨论纪要》的规定，应直接根据"功能、用途、主要原料、消费对象、销售渠道等方面相同或者基本相同，相关公众一般认为是同一事物"原则，对是否为同一种商品进行判定，而不是事先将被控侵权标识所使用的商品根据功能、用途、主要原料、消费对象、销售渠道等方面相同或者基本相同的原则归类于《类似商品和服务区分表》中的商品名称后，再进行商品名称是否相同的判断。笔者认为，在理解"名称不同但指向同一事物"的关键在于"同一事物"，并非"同一类事物"，例如，土豆和马铃薯、番茄和西红柿等，它们根本上还是同一事物。因此,同一事物是指在功能、用途、主要原料、消费对象、销售渠道等方面相同或者基本相同,相关公众一般认为是同一事物,而不是把在"功能、用途、主要原料、消费对象、销售渠道等方面相同或者基本相同,相关公众一般认为是同一事物"的商品认定为同一事物。如果单纯根据"商品的功能、用途、主要原料、消费对象、销售渠道等方面相同或者基本相同"和"相关公众的认知"进行判断,必然会导致扩大"同一种商品"的认定范围,很容易将类似商品推定为同一种商品。

同一种商品或者服务的正确理解与判定,更多的意义体现在刑事案件中,是分析是否构成犯罪要件的事实基础,例如,在最高人民法院刑事指导案例第674号孙某强等假冒注册商标案中,最高人民法院的裁判观点为,未列入权利人注册商标核定使用范围内的商品,不应当被认定为假冒注册商标罪中的同一种商品。

该案的基本案情是:2007年6月至2008年1月,孙某强在北京市海淀区永丰屯租用房间后自建冷库,雇用被告人钱某增、周某利用低价购买或自行生产的水饺、汤圆、羊肉片灌装到标有"思念"牌商标的包装袋及包装箱中,假冒"思念"牌水饺、汤圆、羊肉片对外销售。2008年1月23日,被告人孙某强、钱某增、周某被抓获归案,公安人员当场起获大量"思念"牌水饺、汤圆、羊肉片。郑州思念食品有限公司系"思念"牌注册商标的所有权人,该注册商标核定使用商品的范围为饺子、元宵、馄饨、包子、春卷、方便米饭、八宝饭、粽子、馒头、冰淇淋(商品截止)。经依法鉴定,起获的"思念"牌水饺、汤圆、羊肉片系假冒"思念"牌注册商标的食品,货值金额为103 480元。

北京市海淀区人民检察院基于上述事实，以孙某强、钱某增、周某犯假冒注册商标罪向北京市海淀区人民法院提起公诉。

北京市海淀区人民法院认为，由于"思念"牌注册商标所核定使用的商品范围并不包括羊肉片，所以公诉机关指控中有关羊肉片的货值金额不应纳入假冒注册商标罪的犯罪数额。

北京市第一中级人民法院上诉审理认为，公诉机关所指控的犯罪数额包括假冒"思念"牌水饺、汤圆、羊肉片的货值金额。注册商标核定使用商品的范围为饺子、元宵、馄饨、包子、春卷、方便米饭、八宝饭、粽子、馒头、冰淇淋（商品截止）。行为人孙某强等人实际生产销售的商品包括水饺、汤圆、羊肉片。毫无疑问，这三种商品都属于食品类，但刑法相关条文规定的是"同一种商品"，而并非"同一类商品"。在司法实践中，认定是否属于"同一种商品"，应当在权利人注册商标核定使用的商品和行为人实际生产销售的商品之间进行比较。本案中，"水饺"与"饺子"仅一字之差，"水饺"体现出对"饺子"这种食品的烹饪方式，二者所指向的实际是同一种事物，应当认定为"同一种商品"。"汤圆"与"元宵"这两种食品在主要原料、功能、用途等方面基本是相同的，只是由于地域文化差异等因素而叫法不同，在社会公众看来，二者指向的实际也是同一种事物，也应当认定为"同一种商品"。而"羊肉片"这种商品并未被列入"思念"牌注册商标的商品核定使用范围，而"羊肉片"与"思念"牌注册商标核定使用范围内的商品相比较，不仅名称不同，而且在主要原料等方面也存在根本性差异，社会公众不会认为"羊肉片"与核定使用范围内的任何一种商品指向的是同一种事物，当然不能认定为是"同一种商品"，也就不会与权利人在同种商品领域产生竞争。可见,行为人虽然销售带有"思念"牌商标的"羊肉片",但这一行为尚未侵犯权利人的注册商标专用权和我国商标的管理制度,因而,公诉机关指控中所涉及的"羊肉片"的货值金额不应当计入犯罪数额。

二、类似商品或服务的理解与判定

在《商标审查审理指南》中类似商品是指在功能、用途、主要原料、生产部门、销售渠道、销售场所、消费群体等方面相同或者具有较大关联性的商品。类似服务则是指在服务的目的、内容、方式、对象等方面相同或者具有较大关联性的服务。在《商标法司法解释》中类似商品是指在功能、用途、主要原料、生产部门、销售渠道、销售场所、消费群体等方面相同,或者是相关公众一般认为存在特定联系、容易造成混淆的商品。类似服务是指在服务的目的、内容、方式、对象等方面相同,或者相关公众一般认为存在特定联系、容易造成混淆的服务。

《商标审查审理指南》与《商标法司法解释》关于类似商品和类似服务的定义并无本质上的区别,只是《商标法司法解释》中特别强调了"容易造成混淆"。以"在功能、用途、主要原料、生产部门、销售渠道、销售场所、消费群体等方面相同"认定类似商品,以"在服务的目的、内容、方式、对象等方面相同"认定类似服务,以及根据《两高一部知识产权刑事案件意见》中"在功能、用途、主要原料、消费对象、销售渠道等方面相同或者基本相同,相关公众认为是同一种事物的商品"认定"同一种商品"的区别在于"相关公众是否认为是同一事物的商品"。"相关公众是否认为是同一事物的商品"的判断在实务中又带着相当浓厚的主观色彩,这也是笔者前文所提到的因为"浓厚的主观色彩"很容易把"类似商品"推定为"同一种商品"。当然,同样也可能面临着因为"浓厚的主观色彩"把"名称不同而指向同一事物的同一种商品"推定为"类似商品"。

与同一种商品的判定一样,类似商品的判定也是两个商品比对的结果,参照商品是商标注册人核定使用的商品,比对商品是被控侵权标识所使用的商品。类似商品可从商品的功能、用途、原材料、销售渠道、消费对象等方面进行判定:①商品的功能、用途直接体现消费者的购买目的,是判定商品类似的重要依据。两种商品的功能、用途相同或者相近,能够满足消费者同类需求的,则被判定为类似商品的可能性较大。例如,钢笔与签字笔及铅笔等以书写为使用价值的商品,即可认定为具有相同功能。两种商品在功能、用途上具有互补性或者需要一并使用才能满足消费者的需求的,则被判定为类似商品的可能性较大。例如,毛毯(床上用品)与电热毯(电器)显然分属不同商品分类,但同属于一般认识中的"床上用品",属于类似商品。②商品的主要原材料或者成分是决定商品功能、用途的重要因素之一。两种商品的主要原材料或者成分相同或者相近,或相互具有可替代性,易被判定为类似商品。③两种商品的销售渠道、销售场所相同或者相近,消费者同时接触的机会较大,容易使消费者将两者联系起来,可能被判定为类似商品。④两种商品由相同行业或者领域的生产者生产、制造、加工的可能性越大,越容易被判定为类似商品。两种商品以从事同一行业的人为消费群体,或者其消费群体具有共同的特点,可能被判定为类似商品。⑤许多商品是由各个零部件组成的,但不能当然认为该商品与各零部件或者各零部件之间都属于类似商品,仍应当根据消费者对两者之间联系的密切程度的通常认知进行判断。如果特定零部件的用途是为了配合特定商品的使用功能,而该商品欠缺该特定零部件就无法实现其功能或者严重减损其经济上的使用目的,则可能被判定为类似商品。⑥类似商品的判定还应当考虑中国消费者在特定的社会文化背景下所形成的消费习惯。如果消费者在习惯上可将两种商品相互替代,则可能被判定为类似商品。

类似服务的判定可从服务的目的、内容、方式、场所、对象等方面进行:①服务的目的直接体现服务接受者的消费需求,是判定服务类似的重要依据。两项服务具有相同或者相近的目的,可满足一般服务接受者相同或者相近需求的,被判定为类似服务的可能性较大。②服务内容与方式是服务提供者为满足消费者需求而采取的具体行为、措施及手段。两项服务的内容、方式越相近,被判定为类似服务的可能性越大。③两项服务的服务场所相同,一般服务接受者同时接触的机会较大,则可能被判定为类似服务。④两项服务的提供者来自相同的行业或者领域,接受者来自相同或者相近的消费群体,则可能被判定为类似服务。

《最高人民法院关于审理商标授权确权行政案件若干问题的意见》第十五条规定,在认定商品或者服务是否类似时,应当考虑该商品的功能、用途、生产部门、销售渠道、消费群体是否相同或者具有重大关联性;服务的目的、内容、方式、对象是否相同或相关性大;商品和服务之间是否存在很大的相关性,相关公众是否容易认为商品或服务是由同一主体提供的，或者其提供者之间是否存在特定的联系。《商标注册用商品和服务国际分类表》和《类似商品和服务区分表》可以作为判断商品或者服务是否类似的参考标准，一般情况下，同一个类似群的商品或者服务属于类似商品或者服务，这是因为分类表是为了方便商标注册管理而建立的供行政主管部门使用的分类标准，但不是判断类似的唯一标准。故《商标注册用商品和服务国际分类表》和《类似商品和服务区分表》只是初步性的判断，具体还需要根据消费市场情形来决定。如果商品或者服务在功能、提供渠道、对象群体等存在较强的联系，容易使相关公众认为商品或者服务是同一主体提供的，或者其提供者之间存在特定联系的，则可以突破分类表的适用，判定商品或服务之间构成实质性类似。

（一）混淆误认对类似商品判定的影响

类似商品或服务的判定除参考上述因素外，还应当结合相关公众的一般认知与最终是否容易导致相关公众混淆。混淆性判断是事实判断还是法律判断，实务中存在争议。有些律师同行或者学者认为它是一个事实判断问题，但埃克森美孚公司（以下简称"美孚公司"）与商评委、浙江三博聚合物有限公司（以下简称"三博公司"）商标异议复审行政纠纷案❶中，最高人民法院认为，商品是否类似的判断并非纯粹事实认定，更非科学上的物质分类，而是法律判断问题。商品类似的判断以商品的物理、化学属性为基础，主要

---

❶ （2014）行提字第29号。

关注商品的社会属性方面的关联性，即商品在功能、用途、生产部门、销售渠道、消费群体等方面是否相同或者存在关联性，其核心是判断相关公众是否容易产生混淆。

该案的基本案情是：第 3130886 号"santoprene"商标（即被异议商标）由三博公司于 2002 年 4 月 1 日向商标局提出注册申请，指定使用在国际分类第 1 类的未加工塑料商品上，商标申请号为 3130886。

第 255437 号"santoprene"商标（即引证商标）由孟山都公司于 1985 年 8 月 20 日向商标局提出注册申请，指定使用在国际分类第 17 类的热塑性弹性体商品上，经续展后的专用期限至 2016 年 7 月 9 日。1998 年 10 月 28 日，经商标局核准，引证商标转让给先进弹性体系统有限公司（以下简称"先进弹性体公司"）。2009 年 8 月 27 日，先进弹性体公司向商标局提出申请，将引证商标转让给美孚公司。

在被异议商标的法定异议期内，先进弹性体公司对被异议商标的申请提出异议。商标局于 2007 年 9 月 17 日作出（2007）商标异字第 4863 号裁定（以下简称"第 4863 号裁定"），认定先进弹性体公司所提异议理由不能成立，被异议商标予以核准注册。

先进弹性体公司不服第 4863 号裁定，于 2007 年 10 月 8 日向商评委提出复审申请，并同时提交了如下证据材料。第一类：引证商标在美国等世界其他国家及地区进行商标注册的情况。第二类：先进弹性体公司及其产品性能的介绍资料、宣传手册、在华联络方式等。第三类：部分媒体对先进弹性体公司及其产品情况的报道及其中文译文。第四类：先进弹性体公司自称系其产品在中国大陆地区的销售发票及提单复印件，经核实，该部分内容中的票据均以英文书写，被标注为"商业发票"的23张票据上均有明显涂改痕迹，多份发票之上标明"销往香港"，所有的票据均无中文译文。第五类：先进弹性体公司通过互联网检索到的三博公司的相关信息及涉及"santoprene"商标的其他行政程序的相关资料。

2009年8月17日，商评委作出第21760号裁定。该裁定认为：被异议商标指定使用商品为第1类未加工塑料，引证商标核定使用的商品为第17类热塑性弹性体。二商标虽皆为英文字母组合，但指定使用商品不属于相同或类似商品，不会导致混淆误认。裁定对被异议商标予以核准注册。

北京市第一中级人民法院审理认为：被异议商标核定使用于国际分类第1类的"未加工塑料"商品上，引证商标指定使用于国际分类第17类热塑性弹性体商品上，被异议商标与引证商标核定使用的商品无论是在功能、用途，还是生产部门、销售渠道、消费对象等诸方面均存在较大的差异，不属于商标法所称的类似商品。

先进弹性体公司、美孚公司不服一审判决，向北京市高级人民法院提起上诉，请求撤销一审判决及商评委第21760号裁定。

北京市高级人民法院审理认为：引证商标核定使用于国际分类第17类的热塑性弹性体商品上，被异议商标核定使用于国际分类第1类的"未加工塑料"商品上，被异议商标与引证商标核定使用的商品无论是在功能、用途，还是生产部门、销售渠道、消费对象等诸方面均存在一定的差异，相关公众一般不会认为二者之间存在特定联系并造成混淆，应认定被异议商标核定使用的商品与引证商标核定使用的商品不属类似商品。

美孚公司不服一、二审判决，向最高人民法院申请再审。最高人民法院经审理认为，被异议商标指定使用的商品为"未加工塑料"，引证商标核定使用的商品为热塑性弹性体。首先，从功能用途来看，未加工塑料和热塑性弹性体均具有绝缘性、易加工等特性，均广泛用于电器零件、电线被覆、包装材料、容器等领域。尤其在电线被覆等领域，热塑性弹性体已经成为塑料的替代品之一。根据本院查明的事实，三博公司的关联公司宁波欧瑞特聚合物有限公司所生产的热塑性弹性体材料的用途之一是用于电线的绝缘皮，以替代属于塑料的聚氯乙烯。可见，未加工塑料和热塑性弹性体在功能用途方面具有一定程度的相同性。其次，从生产部门来看，由于热塑性弹性体系介于橡胶和树脂之间的一种新型高分子材料，两者在生产原料等方面存在一定的关联性，在生产部门上存在一定的重合性，多家生产塑料原料的厂商同时也生产热塑性弹性体。再次，从销售渠道上看，许多未加工塑料的经销商同时也经销热塑性弹性体，多家经销塑料的专业网站也同时经销热塑性弹性体，两者的经销渠道存在部分重合。最后，从消费群体来看，由于热塑性弹性体具有塑料的易加工性能，使用简单的塑料加工机械即可很容易地制成最终产品，其与塑料的消费群体具有一定的重合性。尤其在电线被覆等领域，两者面对的消费群体具有较大的重合性。可见，未加工塑料和热塑性弹性体在功能、用途、生产部门、销售渠道、消费群体等方面存在较大的关联性，构成类似商品。

关于三博公司及其专家证人周某均主张，热塑性弹性体在学术及国家标准中均被归类为橡胶，与未加工塑料在物理性质、功能用途等方面均有明显不同，不构成类似商品。最高人民法院认为，一方面，商品是否类似的判断并非纯粹事实认定，更非科学上的物质分类，而是法律判断问题。商品类似的判断以商品的物理化学属性为基础，主要关注商品的社会属性方面的关联性，即商品之间在功能、用途、生产部门、销售渠道、消费群体等方面是否相同或者存在关联性，其核心是判断相关公众是否容易产生混淆。因此，热塑性弹性体在学术及国家标准中被归类为橡胶，并不影响其在具体案件中与未加工塑料构成类似商品。另一方面，作为一种介于橡胶和树脂之间的新型高分子材料，热塑性弹性体虽然在本领域的教科书和国家标准中被划为橡胶，但是由于热塑性弹性体的多样性，该领域的学术研究中仍有将其划为工程塑料的作法。

（二）知名度对类似商品判定的影响

在施耐德电气中国公司与施耐德电梯公司侵害商标权及不正当竞争纠纷案❶中，苏州市中级人民法院在判定是否构成类似商品时还引入了商标驰名度的考量因素，认为被控侵权标识指定使用的商品与注册商标核定使用的商品不属于同一大类，但是在功能用途、生产部门、销售渠道、消费对象等方面存在较高关联和一定重合，同时考虑涉案商标的知名度、商标标识之间的对应性，相关公众看到被控标识时，容易联想到涉案商标，误认为两者存在一定联系，从而对商品的来源产生混淆或者误认。

该案的基本案情是：原告施耐德电气中国公司成立于 1995 年 7 月 10 日，系外国法人独资的有限责任公司。原告的投资人施耐

---

❶ （2019）苏 05 知初 643 号。

德电气欧洲公司❶（SCHNEIDER ELECTRIC SE）系一家根据法国法律注册成立的公司。施耐德电气欧洲公司于 1999 年 3 月 15 日获准注册第 G715396 号商标，核定使用商品为第 9 类，包括用于电的运输、处理、开关、转换、积累、调节、过滤、测量、信号、检测或控制的科学、电气、电子装置和仪器，以及包括上述器材的电气、电子元件、整流器、半导体、继电器（电）、电容器、断流器、断路器、电开关等。该商标经续展，有效期至 2029 年 3 月 15 日。施耐德电气欧洲公司于 2007 年 2 月 14 日获准注册第 4168148 号"施耐德"商标，核定使用商品为第 9 类，包括电流控制开关、电流限流器、电配线盒、换流器、电路闭合器（电路开关）、电子继电器、电开关、电器插头等。该商标经续展，有效期至 2027 年 2 月 13 日。

2015 年 12 月 16 日及 2018 年 12 月 12 日，施耐德电气欧洲公司两次签署授权书，许可原告使用第 G715396 号和第 4168148 号等商标。2015 年 10 月 1 日，施耐德电气欧洲公司授权原告可以自身名义针对一切侵犯和未经授权使用商标的行为独立提出或撤回诉讼。

施耐德电气中国公司在中国电气行业处于领先地位，其在全国各地投资有多个电气生产企业，且多以"施耐德"作为企业字号，仅在江苏省苏州市就投资设立 4 家公司，分别为 1992 年投资设立的施耐德开关（苏州）有限公司、2001 年设立的施耐德（苏州）变频器有限公司、2003 年设立的万高涅瓦纳（苏州）低压电

---

❶ 工商查询到的名称是"施耐德电气工业股份有限公司"。——作者注。

气设备有限公司和2007年设立的施耐德（苏州）变Schneider压器有限公司。"Schneider""施耐德"品牌的断路器和电开关产品从2007年起连续在中国大陆市场占有率排名第一，施耐德电气中国公司还长期在杂志、报纸、网络媒体上对其企业和Schneider产品进行广泛宣传和报道，"Schneider""施耐德"等施耐德系列商标在电气行业和市场上已具有较高的市场知名度，为相关公众知悉。施耐德电气中国公司与其提供的施耐德系列商标电气产品在电气领域的消费者中已经建立了特定的联系。第G715396号商标的显著部分"schneider"经过长期使用和广泛宣传，在中国相关消费者中"schneider"已经与汉字"施耐德"形成固定翻译和一一对应关系，在特定领域和相关商品上具有较高知名度和影响力。"Schneider""施耐德"商标在国内也有多次受驰名商标保护记录，如2013年12月27日被商标局认定为使用在第9类断路器、开关、接触器商品上的驰名商标，在多个案件的裁判文书中认定为具有较高知名度且属于驰名商标，例如，北京知识产权法院（2015）京知行初字第4353号、（2015）京知行初字第4354号、（2018）京73行初3521号、（2019）京73行初5535号行政判决书均认定G715396号商标在断路器、开关、接触器商品上已经具有较高的知名度和广泛的影响力，成为公众熟知的驰名商标。

苏州市中级人民法院认为，被控侵权标识指定使用的电梯、扶梯等商品与涉案商标据以驰名的断路器、开关、接触器等商品在功能用途、生产部门、销售渠道、消费对象等方面存在较高关联和一定重合，同时考虑到涉案商标的知名度、商标标识之间的对应性，即使原告没有生产电梯的资质，但相关公众看到被控标识时，容易联想到涉案商标，误认为两者存在一定联系，从而对商品的来源产生混淆或者误认。

笔者对于苏州市中级人民法院将被控侵权标识指定使用的商品和注册商标核定使用的商品在不属于同一大类的情况下，认为"在功能用途、生产部门、销售渠道、消费对象等方面存在较高关联和一定重合且认为相关公众看到被控标识时，容易联想到涉案商标，误认为两者存在一定联系，从而对商品的来源产生混淆或者误认"的观点有不同意见。根据苏州市中级人民法院在审理查明的事实可知，注册商标具有很高的知名度且大量的事实证据支持，苏州市中级人民法院也提出有必要作出注册商标为驰名商标的认定和进行跨商品类别保护的必要，且行文中列举了大量注册商标驰名的事实，但最终也没有得出注册商标驰名的结论。显然，苏州市中级人民法院既没有从类似商品的角度认定混淆进而认定侵害商标权，也没有从驰名商标跨类保护的角度认定误导公众进而认定侵害商标权。相反，苏州市中级人民法院认为，被控侵权标识所使用的商品"在功能用途、生产部门、销售渠道、消费对象等方面存在较高关联和一定重合"，该表述是否可以理解为被控侵权标识所使用的商品与权利人注册商标所使用的商品存在"关联关系"或者是"关联商品"，在申请再审人杭州啄木鸟鞋业有限公司（以下简称"啄木鸟公司"）与商评委、七好（集团）有限公司（以下简称"七好公司"）商标争议行政纠纷案[1]中，最高人民法院就对北京市高级人民法院"认定服装和鞋为关联商品"的说法进行纠正，这种表述很容易使人误

---

[1] （2011）知行字第37号。

解为在类似商品之外又创设另一种商品关系划分规则。同时,最高人民法院认为,避免来源混淆是商品类似关系判断时要坚持的基本原则,如果被控侵权标识使用在具有一定关联性的商品上,容易使相关公众认为两商品是由同一主体提供或者提供者之间存在特定联系,就应当应当认定构成类似商品。

该案的基本案情是:啄木鸟公司于2000年5月26日申请注册第1609312号图形商标(即争议商标),指定使用在第25类2507类似群的鞋、靴等商品,2001年8月7日被商标局核准注册。2004年2月3日,七好公司向商评委提出撤销争议商标注册申请,引证商标为七好公司1993年1月3日在第25类服装商品上申请的、1994年3月7日核准注册的第680928号商标。

商评委经审查后作出商评字〔2009〕商评字第2577号商标争议裁定书(以下简称"2577号裁定"),认为争议商标指定使用的鞋、靴商品与印证商标指定使用的服装、领带、皮包等商品所属的范围和领域均不同,消费者获取上述商品的渠道有所不同,在《类似商品和服务区分表》中也不属于同一类似群组,不属于类似商品,争议商标与引证商标未构成使用在同一种或者类似商品上的近似商标。

七好公司不服,提起行政诉讼。北京市第一中级人民法院一审认为,争议商标指定使用的鞋、靴商品与引证商标指定使用的服装、领带、皮包等商品不属于类似商品,争议商标与引证商标使用在非类似商品上,不会导致普通消费者对商品来源产生混淆误认,故判决维持2577号裁定。

七好公司不服,提起上诉。北京市高级人民法院二审认为,争议商标与印证商标两者指定使用的商品虽不在同一类似群组,但均为穿戴类商品,商品及生产商品的企业关联性极强,属于"关联商品",其在市场上的共同使用容易导致消费者对其商品的来源产生混淆误认,遂判决撤销一审判决和第2577号裁定。

啄木鸟公司不服,向最高人民法院申请再审,最高人民法院审理后驳回了啄木鸟公司的再审申请,同时指出,商标的主要功能在于标识商品或者服务的来源,因此商标必须同具体的商品或者服务相结合。商标法设置商品类似关系是因为商标主要是按商品类别进行注册、管理和保护的,在商标授权、确权和侵权判定过程中,进行商标法意义上相关商品是否类似的判断,并非是作相关商品物理属性的比较,而主要考虑商标能够共存或者决定商标保护范围的大小。避免来源混淆是商品类似关系判断时要坚持的一项基本原则。因此在判断商品是否类似时,应当考虑商品的功能、用途、生产部门、销售渠道、消费群体等是否相同或者具有较大的关联性,两个商标共存是否容易使相关公众认为商品或者服务是同一主体提供的,或者其提供者之间存在特定联系。具体到本案中,争议商标指定使用的商品为鞋和靴,引证商标核定使用的商标是服装、领带等。虽然两者在原料、用途等方面具有一些差别,但是两者的消费对象是相同的,而且在目前的商业环境下,一个厂商同时生产服装和鞋类商品,且服装和鞋通过同一渠道销售的情形较为多见,在这种情况下,如果两商标在服装和鞋类商品上共存,容易使相关公众认为两商品是由同一主体提供,或者其提供者之间存在特定联系。

但同时最高人民法院又强调,由于在商品类似判断时考虑了个案情况,相关商品是否类似并非绝对和一成不变,基于不同的案情得出的结论可能不同。因此本案判决认定服装和鞋不属于类似商品并不意味着两者在特定案情下必然不构成类似，本案的认定与之并不矛盾。同时，由于案件中关于商品类似关系的认定考虑了个案情况，具有个案性，因此，个案认定结论并不意味着商标注册管理上的商品类似关系发生变化，也不必然影响《类似商品和服务区分表》中对商品类似关系的确定和划分，同样地，个案的认定一般也不会影响已经注册商标的权利稳定性。

三、商品与服务类似判定

关于商品与服务类似的问题，相关法律没有明确规定，只在《商标法司法解释》和《商标审查审理指南》中对商品与服务类似有一般性规定。根据《商标法司法解释》的规定，商品与服务类似是指商品和服务之间存在特定联系，容易使相关公众混淆。根据《商标审查审理指南》的规定，商品与服务类似是指商品和服务之间具有较大关联性。判定商品与服务是否类似，应当综合考虑商品与服务之间联系的密切程度，在用途、用户、通常效用、销售渠道、销售习惯等方面的一致性。

如何认定商品与服务之间存在特定联系，根据《商标法司法解释》和《商标审查审理指南》的规定，可以从如下方面进行判定。①商品的功能与服务的目的是否存在较大关联。例如，使用在汽车上的光蜡、清洗液等商品与车辆清洗、维修等服务在商品功能和服务目的上具有很大的共同性，很容易使相关公众认为商品和服务由同一市场主体提供，应当认定为具有特定联系。②消费或者服务对象群体上是否存在较大重合。例如，茶叶、酒等商品与茶馆、酒吧等服务，二者在消费和服务对象群体上存在较大重合，很容易相关公众认为商品和服务由同一市场主体提供，应当认定为具有特定联系。③消费渠道或者服务场所具有服务对象群体重合和紧密关联性。

判定商品与服务是否类似主要是以商品与服务之间是否存在特定联系及是否容易导致相关公众认为商品和服务由同一市场主体提供为主要考量因素。例如，重庆腾衢商贸有限公司（以下简称"腾衢商贸"）与被告徐某军侵害商标权纠纷案❶中，重庆市渝北区人民法院认为，服装、皮革类经营者通常都不会为该品牌服装、皮革专门设立干洗店，消费者也不具备"品牌服装都会提供品牌服装干洗"的消费意识及消费习惯，普通消费者在"简·柏斯"干洗店消费时不会联想到该干洗店与"简柏斯"品牌的服装、皮革有特定联系，相关公众不会认为商品和服务由同一市场主体提供，不具有特定联系。

该案的基本案情是：钟某曾系原告腾衢商贸的法定代表人，2016年5月16日，原告腾衢商贸的法定代表人由钟某变更为张某美，钟某系张某美的配偶。2012年7月20日，钟某与黄某红签订《联合经营协议书》，约定钟某委托黄某红作为双方代表与重庆市公共住房开发建设投资有限公司签订的《房屋租赁合同》项下的租赁房屋为经营地点，即重庆市某地×××号附18、19号，从事品牌服装的销售代理，期限为2012年9月1日至2017年8月31日，与《房屋租赁合同》约定的房屋租赁期限一致。该协议签订后，原告公司开始在重庆市某地×××号附18、19号门面销售品牌服装

---

❶ （2017）渝0112民初6903号。

并提供干洗等售后服务。原告腾衢商贸于2013年8月28日获准注册第10953318号"简柏斯"文字商标，核定使用商品为第25类，即工作服、服装、皮制服装、体操服等，商标有效期至2023年8月27日；于2013年9月14日，获准注册第10953176号"简柏斯"文字商标，核定使用商品为第18类，即动物皮、仿皮革、毛皮、旅行箱、钱包等，商标有效期至2023年9月13日。2016年2月4日，以钟某为甲方、以龚某为乙方，双方签订《简柏斯干洗店转让合同》，钟某将重庆市某地×××号附18号简柏斯干洗店全部设备及租赁权转让给了龚某，转让费为225 000元，并约定甲方未发放完的货品，交由乙方代发，如存在洗涤质量问题由甲方负责。2016年5月1日，以龚某为甲方、以徐某军为乙方，双方签订《简柏斯干洗店转让合同》，龚某又将简柏斯干洗店全部设备及租赁权转让给了徐某军，转让费为260 000元，并约定现有干洗会员充值金额归龚某所有，徐某军接手经营后，会员仍然正常消费。2016年5月9日，以钟某为甲方、以徐某军为乙方，双方签订《出租店面合同书》，约定钟某将重庆市某地×××号附18号门面出租给徐某军经营服装干洗，租赁期限从2016年5月1日起至2019年8月31日止。被告徐某军于2016年12月21日成立个体工商户，从事衣物、家居、鞋艺、皮护、织补、修改、救治等服务，经营场所为重庆市某地×××号附18号，该商铺招牌为"简·柏斯干洗"，商铺玻璃门上张贴印有"简·柏斯干洗"字样的告示，店内的洗衣单名称为"香港简柏斯洗衣单"，该名称左边印有"简柏斯"字样，同时衣物包装袋上也印有"简柏斯"字样。庭审中，原告陈述，洗衣单、包装袋系遗留在店内的物品，并未授权龚某或被告使用；被告陈述，这些物品系原告许可龚某及自己使用的。原告公司将重庆市某地×××号附18号简柏斯干洗店转让给龚某以后，未再从事服装干洗项目。

重庆市渝北区人民法院经审理认为，原告腾衢商贸注册的"简柏斯"商标使用于第18类、第25类（服装、皮革类）商品，而被告使用的"简·柏斯"用于第37类（干洗类）服务，两者并非同类别的商品或服务。一方面，服装、皮革类经营者与干洗类经营者在经营场所、销售渠道上有明显区别，服装、皮革类经营者通常会选择人员流动性较大的商业区，而干洗类经营者通常会选择人员相对稳定、生活小区相对集中的区域。另一方面，服装、皮革类经营者通常都不会为该品牌服装、皮革专门设立干洗店，消费者也不具备"品牌服装都会提供品牌服装干洗"的消费意识及消费习惯，普通消费者在"简·柏斯"干洗店消费时不会联想到该干洗店与"简柏斯"品牌的服装、皮革有特定联系，也不会混淆"简·柏斯"干洗店与"简柏斯"品牌的服装、皮革系同一来源，故被告徐某军在其干洗店使用"简·柏斯"的标志不侵犯原告的两个注册商标。

第三节　商标相同或者近似判定

一、商标相同与商标构成要素相同

商标相同与商标构成要素相同是两个不同的概念：商标构成要素相同是指构成商标的文字、字母、图形、数字、颜色组合、三维标志和声音及这些要素的组合等要素相同或实质相同，纯粹是构成要素本身是否相同的比对；商标相同是指不但包含商标构成要素相同或者实质相同，还包括容易使相关公众产生混淆误认，是商标法意义上的相同。

判断商标相同须从商标构成要素是否相同和是否容易使相关公众产生混淆误认两个方面进行。商标构成要素相同或者实质相同是判定商标相同的基础，商标法意义上的商标相同一定是足以使相关公众产生混淆误认的相同。仅有商标构成要素相同或实质相同，而不足以让相关公众产生混淆误认的，就不属于商标相同。商标法、司法解释及相关法律法规所提及的商标相同，均是指商标法意义上的商标相同。《商标法司法解释》第九条规定，商标相同是指被控侵权的商标与核准注册的商标相比较，二者在视觉上基本无差别。《最高人民法院、最高人民检察院关于办理侵犯知识产权刑事案件具体应用法律若干问题的解释》[以下简称《两院知识产权刑事案件司法解释（一）》]第八条规定，相同的商标是指与被假冒的注册商标相同，或者与被假冒的注册商标在视觉上基本无差别、足以对公众产生误导的商标。《商标侵权判定标准》第十三条规定，商标相同是指"与注册商标相同的商标是指涉嫌侵权的商标与他人注册商标完全相同，以及虽有不同但视觉效果或者声音商标的听觉感知基本无差别、相关公众难以分辨的商标"。《商标审查审理指南》指出，商标相同是指两商标在视觉效果上或者声音商标在听觉感知上完全相同或者基本无差别；所谓基本无差别，是指两商标虽有个别次要部分不完全相同，但主要部分完全相同或者在整体上几乎没有差别，以至于在一般注意力下，相关公众或者普通消费者很难在视觉上或者听觉上将两者区分开来。

商标构成要素相同是在商标权人核准注册的商标和被控侵权标识之间进行比对，首先要判断构成要素的数量和要素本身是否相同，然后判断要素的组合方式等是否相同。根据《最高人民法院、最高人民检察院关于办理侵犯知识产权刑事案件具体应用法律若干问题的解释（三）》[以下简称《两院知识产权刑事案件司法解释（三）》]第一条的规定，判断"相同的商标"可考虑如下因素：①改变注册商标的字体、字母大小写或者文字横竖排列，与注册商标之间基本无差别的；②改变注册商标的文字、字母、数字等之间的间距，与注册商标之间基本无差别的；③改变注册商标颜色，不影响体现注册商标显著特征的；④在注册商标上仅增加商品通用名称、型号等缺乏显著特征要素，不影响体现注册商标显著特征的；⑤与立体注册商标的三维标志及平面要素基本无差别的；⑥其他与注册商标基本无差别、足以对公众产生误导的商标。

《商标侵权判定标准》基本是在《两院知识产权刑事案件司法解释（三）》的基础上对相同商标的判定提出如下考量因素："（一）文字商标有下列情形之一的：1.文字构成、排列顺序均相同的；2.改变注册商标的字体、字母大小写、文字横竖排列，与注册商标之间基本无差别的；3.改变注册商标的文字、字母、数字等之间的间距，与注册商标之间基本无差别的；4.改变注册商标颜色，不影响体现注册商标显著特征的；5.在注册商标上仅增加商品通用名称、图形、型号等缺乏显著特征内容，不影响体现注册商标显著特征的；（二）图形商标在构图要素、表现形式等视觉上基本无差别的；（三）文字图形组合商标的文字构成、图形外观及其排列组合方式相同，商标在整体视觉上基本无差别的；（四）立体商标中的显著三维标志和显著平面要素相同，或者基本无差别的；（五）颜色组合商标中组合的颜色和排列的方式相同，或者基本无差别的；（六）声音商标的听觉感知和整体音乐形象相同，或者基本无差别的；（七）其他与注册商标在视觉效果或者听觉感知上基本无差别的。"

《商标审查审理指南》在判断相同的商标时也有类似的规定，具体如下："文字商标相同，是指商标使用的语种相同，且文字构成、排列顺序完全相同，易使相关公众对商品或者服务的来源产生混淆误认；因字体、字母大小写或者文字排列方式有横排与竖排之分使两商标存在细微差别的，仍判定为相同商标。图形商标相同，是指商标图形在视觉上基本无差别，易使相关公众对商品或者服务的来源产生混淆误认。组合商标相同，是指商标的文字构成、图形外观及其排列组合方式相同，使商标在呼叫和整体视觉上基本无差别，易使相关公众对商品或者服务的来源产生混淆。"

判定商标相同，首先要判断商标构成要素是否相同，在构成要素相同或者实质相同的前提下，再根据所使用的商品等因素判断是否足以使相关公众产生混淆。相反，如果构成要素不相同，就不是相同的商标，一般情况下就不需要再考虑混淆因素了，而不是先判断是否导致混淆，再判断是否为相同的商标，否则就会忽视有一定差异化的商标，很容易将非常接近的"近似商标"认定为"相同商标"。例如，在陈某、鲁某龙销售假冒注册商标的商品案❶中，上海

---

❶ （2011）沪二中刑终字第459号。

市第二中级人民法院认为，在认定销售假冒注册商标罪中存在细微差别的商标是否相同时，应将商标本体作为比对基础。改变注册商标的字体、字母大小写或者文字横竖排列，与注册商标相对比仅有细微差别，或者与注册商标在视觉上基本无差别，足以对公众产生误导，应认定为刑法意义上的相同商标。在司法实践中应把握好刑法上"相同商标"和民法上"近似商标"的区别，不能随意将民法上的"近似商标"认定为刑法上"基本相同"的商标。

该案的基本案情是：2009年2月至2010年10月，被告人鲁某龙在网上向被告人陈某等人销售使用了商标由"UGG变体+australia"组成的雪地靴。上海市普陀区人民法院一审认为，被告人陈某犯销售假冒注册商标的商品罪，两被告人不服，提起上诉。

上海市第二中级人民法院经审理后认为，陈某、鲁某龙销售的雪地靴上使用的商标由"UGG变体+australia"组成。该商标虽然增加了"australia"字样，但属于国名，并非商标构成要素，应以UGG变体作为与"UGG"商标比对的基础，经过比对，二者在视觉效果上无差别，足以导致公众产生误认。故认定陈某、鲁某龙的行为构成销售假冒注册商标的商品罪，裁定驳回上诉，维持原判。

对于上述案例中是否应当认定为相同的商标，笔者认为，应分析所增加的内容"australia"是否是商标的组成部分，或者说是否被视为商标的构成要素。如果"australia"被视为商标的构成要素，则以"UGG变体+australia"组成的商标与注册商标是存在明显差别的，就不属于相同的商标，不应当再引入"足以导致相关公众产生误认"的考虑因素，这样不但增加了"相同商标"认定过程中主观因素，还可能增加了将"近似商标"认定为"相同商标"的风险。并且《两院知识产权刑事案件司法解释（三）》已经将"缺乏显著特征的要素"进行了明确限制，就不能再对"等缺乏显著特征的要素"做扩大解释。如果该案中"australia"不属于或没有被视为商标的构成要素，而仅表示"国名"或者产地，则只以"UGG 变体"的商标与注册商标进行比对，依据《两院知识产权刑事案件司法解释（三）》的规定，可以认定为相同商标。

二、商标近似与商标构成要素近似

商标近似是指被控侵权的标识与原告的注册商标相比较，其文字的字形、读音、含义或者图形的构图及颜色，或者其各要素组合后的整体结构相似，或者其立体形状、颜色组合近似，易使相关公众对商品的来源产生误认或者认为其来源与原告注册商标的商品有特定的联系。而商标构成要素近似是指构成商标的文字、字母、图形、数字、颜色组合、三维标志和声音及这些要素的组合等要素近似。商标近似须结合商标构成要素近似和足以使人产生混淆误认的综合进行判断，两个要件缺一不可，如此才是商标法意义上的商标近似。而商标构成要素近似则主要是指商标构成要素本身的近似，故商标近似是以商标构成要素近似为判断基础，同时还要结合商标本身的显著性、知名度等因素考虑是否足以使人产生混淆。

三、商标相同或近似认定原则和相关考量因素

判断商标构成要素相同或者近似，应当在商标权人核准注册的

商标与被控侵权标识之间进行比对。商标权人实际使用的商标与商标局核准注册的商标不一致的，在判断被控侵权标识与商标权人核准注册的商标是否近似时，仍应以商标权人核准注册的商标与被控侵权标识进行比对，而不能用商标权人实际使用的商标与被控侵权标识进行比对。

(一)商标相同或者类似的认定原则

（1）以相关公众的一般注意力为标准，根据他们对相关商品或服务具有的一般知识和经验，按照通常的消费习惯对商品或服务进行判断。商标所标示的商品性质、种类、价格等因素不同，相关公众的范围和注意程度也就不同。通常来说，一般消费者在购买日常生活用品时应要求较低的注意力标准，相反，当相关公众在购买高价值的商品或者通过专用渠道售卖的商品时，通常会要求更高的注意力标准。例如，在上诉人斐乐体育有限公司（以下简称"斐乐公司"）与被上诉人鹏程皮鞋店侵害商标权纠纷案❶中，江西省高级人民法院认为，被控侵权产品图案"F"与涉案商标"F"字母构成不同，鹏程皮鞋店还在门店店招和销售的鞋盒、鞋套等上标注了"日泰皮鞋"和"Ritai"标志，与斐乐公司店面装潢及所售商品存在不同，以相关公众的一般注意力，基于以上差异，对商品的来源可以进行适当判断，被控侵权产品图案不易导致公众混淆，应认定二者不构成近似，被控侵权产品图案不构成对斐乐公司就"F"注册商标享有的独占许可使用权的侵害。鹏程皮鞋店销售该产品，不构成

---

❶ （2020）赣民终455号。

商标侵权。

（2）整体比对，指将商标作为一个整体来进行观察，而不仅将商标的各个构成要素单独抽出来分别进行比对。当两个商标在各自具体的构成要素上存在区别，但只要将构成要素集合起来作为一个整体产生的视觉有可能使消费者产生误认的，就应当认定为近似商标。反之，如果两个商标的部分组成要素可能相同，但是它们作为一个整体并不会使消费者产生误认，就不能认定为近似商标。

（3）主要部分比对，指将商标中发挥识别作用的主要部分抽出来进行重点比较和对照，是对整体比对的补充。其中，商标的要部是指最具显著性和识别性，容易使相关公众将其与使用该商标的商品或服务联系起来的商标构成要素。两个商标的构成要素整体上不近似，但主张权利的商标的知名度远高于被控侵权标识的，可以采取比较主要部分决定是否近似。

（4）隔离观察，指将商标与被控侵权标识放置于不同的地点，在不同的时间进行观察比对。

（二）相关考虑因素

商标相同或近似的判定，除商标构成要素本身的相同或者近似外，还应当考虑商标本身的显著性和知名度。对于一些显著性较强和知名度较高的商标，除进行整体比对外，还应当注意商标主要部分或者显著性部分的比对，以更加有利于制止复制、摹仿、翻译等不劳而获的恶意搭便车行为。

四、文字商标近似的认定

根据文字商标的特征，具有呼叫功能的读音或文字的字形易给人听觉或视觉留下比较深刻的印象，故文字商标近似性的判断主要考虑文字的读音和字形，兼顾文字的含义。例如，在福州米厂与安徽天润多超市股份有限公司皖北分公司（以下简称"天润多皖北分公司"）、黑龙江祖谷米业有限公司（以下简称"祖谷公司"）侵害商标权纠纷案[1]中，一审法院认为，"祖谷稻花香"五个字的字体与涉案商标的字体不一样，两者之间有明显的区别。二审法院认为，被控侵权标识与涉案商标的读音虽一致，但字体及颜色均有明显区别，二者不构成相同或者近似关系。从一、二审法院的观点来看，他们在认定商标近似时，只是从商标构成要素是否相同的角度进行考量，并未引入是否容易使相关公众造成混淆的因素认定商标近似。最高人民法院再审时不但从商标构成要素是否近似，还从是否容易造成混淆的角度进行认定，其认为，对于平面商标而言，商标近似是指两商标文字的字形、读音、含义或者其各要素组合后的整体结构相似，容易使相关公众对商品来源产生误认或者认为其来源与权利人注册商标的商品有特定的联系。

该案的基本案情是：福州米厂为第1298859号"稻花香"（即涉案商标）注册商标权人，核定使用商品为第30类大米，有效期限自1999年7月28日至2009年7月27日，经商标局核准，续

---

[1]（2019）最高法民再133号。

展注册有效期自 2009 年 7 月 28 日至 2019 年 7 月 27 日,该商标于 2014 年 10 月 28 日被福建省工商行政管理局认定为"福建省著名商标"。2016 年 11 月 14 日,徐州市徐州公证处根据福州米厂的委托出具了(2016)徐证民内字第 3599 号公证书,根据公证书的内容,祖谷稻花香 10kg 大米实物包装袋正面设计为"右上角'祖谷'商标字样,中间位置自上而下排列'祖谷稻花香'五个大字,该五字左边标注'东北特产','花'和'香'字左边以小字体标注'米'字,左下方以较小字体标注有[净含量:10kg],最下方自左而右标注'黑龙江祖谷米业有限公司'字样"。福州米厂以祖谷公司、天润多皖北分公司侵犯其商标专用权为由致讼。

祖谷公司于 2014 年 2 月 28 日取得第 11527221 号"祖谷稻花香"(即祖谷公司商标)的注册商标专用权,有效期至 2024 年 2 月 27 日。

一审法院认为,对被控侵权标识与涉案商标进行对比,祖谷公司在产品包装袋上使用的"祖谷稻花香"字样是竖向排列,且未有拼音标注,与涉案商标"稻花香"横向排列并字体下有拼音标注明显不同,且"祖谷稻花香"五个字的字体与涉案商标的字体不一样,两者之间有明显的区别,两者之间不构成近似,祖谷公司在其产品上使用的"祖谷稻花香"不构成侵权,故一审法院判决驳回福州米厂的诉讼请求。

福州米厂不服一审判决,提起上诉。二审法院认为:关于二者是否构成近似,经审查比对,涉案商标由"稻花香"文字及"DAOHUAXIANG"拼音组成,上述文字及拼音均系横向排列;被控侵权商品上使用的"祖谷稻花香"标识系竖向排列,"稻花香"

三字被放大使用。该放大使用的"稻花香"三字与福州米厂"稻花香"注册商标的汉字部分"稻花香"的读音虽一致,但字体及颜色均有明显区别,两者不构成相同,也不构成近似。关于二者是否造成消费者的误认和混淆,稻花香大米是在东北具有一定知名度的大米品种,消费者购买大米首先侧重于选择大米品种和产地,然后选择商标品牌,被控侵权大米外包装使用"稻花香"系突出大米的品种,而非品牌。另"祖谷稻花香"系祖谷公司注册商标,祖谷公司虽在使用其"祖谷稻花香"注册商标过程中,在被控侵权产品包装上对"稻花香"三字进行放大使用,但其在被控侵权商品包装上同时标注"祖谷"注册商标,且在商品包装的显著位置标明了"东北特产"等辨别商品来源的标识,故消费者能够通过外包装判断被控侵权大米与福州米厂大米产地不同,对两者不会造成误认和混淆。综上,被控侵权商品上的"祖谷稻花香"标识与涉案商标不构成近似,不会导致相关公众对商品来源产生误认与混淆。综上所述,二审法院判决驳回上诉、维持原判。

最高人民法院再审认为,涉案商标为中文文字与拼音形式结合的组合商标,即上下排列的"稻花香 DAOHUAXIANG"。被控侵权商品外包装正面中心位置有纵向排列的"稻花香"文字,在三字的右上方有"祖谷""东北特产"等字样,但字形、字体、字号与"稻花香"三字均存在明显差异。被控侵权标识突出使用的文字部分即"稻花香"与涉案商标的文字构成、呼叫等均完全相同,具有包含关系,应当认定为近似商标。此外,祖谷公司虽抗辩称,其于被控侵权商品上使用的为其自有注册商标,即"祖谷稻花香",但本院注意到,祖谷公司的"祖谷稻花香"商标文字的字号、字体均完全相同,而被控侵权标识中的"稻花香"文字的字号、字形均明显有别于"祖谷"二字,相关消费者容易识别和记忆的是被突出使用的"稻花香"文字,而非祖谷公司所主张的"祖谷稻花香"。即使不考虑祖谷公司商标的注册时间,祖谷公司亦不是在规范地使用其自有注册商标。据此,对祖谷公司与此有关的抗辩理由,本院不予支持。祖谷公司还主张,"稻花香"在黑龙江省五常市为水稻名称并被行业广泛使用,故其使用行为不构成侵权。对此本院认为,在涉案商标权合法存续且无证据显示"稻花香"为相关商品通用名称的情况下,祖谷公司应当在生产经营活动中对合法的商标权予以尊重和避让,故对其不构成侵权的相关抗辩理由,本院不予支持。综上所述,基于相关公众的视角,考虑到隔离对比的原则,被控侵权标识与涉案商标构成使用在相同商品上的近似商标,容易使相关公众对二者的商品来源产生混淆。一审、二审法院认定被控侵权标识不构成侵害商标权的结论缺乏事实与法律依据,本院予以纠正。

五、中文商标与外文商标近似的认定

由于中文商标与外文商标在音、形上不相同也不近似,因此判断中文商标与外文商标是否近似,主要从含义上进行确定,需要考虑相关公众对外文商标的认知水平和能力、中文商标与外文商标含义上的关联性或者对应性、商标本身的知名度和显著性、商标的实际使用情况、所使用商品或服务的关联程度等因素。

在判断中文商标和外文商标含义相同或近似时,需要考虑二者之间对应关系的紧密程度,不能因为有所关联就简单认定近似,而是要全面、分别考虑中外文标识所包含的各种可能的含义，分析彼此之间的关联程度，并将相关公众的识别能力和注意力程度等主观要素作为重要的考量因素。例如，在乐格氏株式会社不服商评委商标驳回复审行政纠纷案[1]中，北京知识产权法院认为，在英文与中文商标进行近似性对比时，除了考虑二者的含义外，也会考虑中文和英文是否形成唯一对应关系、我国公众对外文熟悉程度，以及是否容易造成混淆等因素。

该案的基本案情是：乐格氏株式会社是日本的一家外用品生产企业，于2013年11月29日申请"LOGOS"商标，指定商品为第7类送风机、高压洗涤机等，商标申请号为13634004。商标局以申请商标与第6658923号"理念"引证商标近似为由驳回了该商标申请，乐格氏株式会社不服商标局驳回决定，向商评委申请复审。商评委于2015年5月28日作出商标驳回复审决定，认为申请商标的中文含义为"理念"，与引证商标含义相同，构成近似商标，故驳回商标申请。

北京知识产权法院审理认为，首先，两个商标在整体外观、构成要素、呼叫上区别明显。其次，"LOGOS"除了可被翻译为"理念"，还有其他中文含义，中文"理念"的英文单词也非"LOGOS"；同时，考虑到中国消费者对英语的认知能力，相比于将"LOGOS"理解为"理念"，其往往更容易将"LOGOS"认知为"logo"的复数形式，从而将其含义理解为"标记、标识"。中文"理念"所对应的英文单词也非"LOGOS"，二者之间并非唯一

---

[1] （2015）京知行初字第5655号。

对应关系。最后，根据中国消费者的认知能力，也不会将二者对应起来。

最终，北京知识产权法院认定诉争商标与引证商标在音、形、义方面均存在较大差异，共同使用在同一种或类似商品上不致使相关公众对商品来源产生混淆误认，并未构成使用在同一种或类似商品上的近似商标，从而撤销了被控裁定。

六、外文商标近似的认定

在晋江爱涞服装有限公司（以下简称"爱涞服装公司"）商标申请驳回复审行政纠纷一案❶，爱涞服装公司不服北京市第一中级人民法院（2013）一中知行初字第3046号行政判决，向北京市高级人民法院提起上诉。北京市高级人民法院经审理认为，判断外文商标之间是否构成近似，应当考虑英文部分的字母构成、呼叫，并同时考虑中国普通消费者的一般注意力、认知水平等因素。

该案的基本案情是：2010年5月21日，爱涞服装公司向商标局申请注册"ALIKE"商标（即申请商标），申请号为第8319578号，指定使用商品为第18类的背包、购物袋、手提包、钱包、伞、登山杖等。

引证商标为第6857921号"阿迪莱克ADLIKE"商标，其注册申请日为2008年7月24日，2010年8月21日获核准注册，商标权人为向某弟，核定使用在第18类的旅行包（箱）、伞、手杖等商

---

❶（2014）高行终字第443号。

品上，专用期限至 2020 年 8 月 20 日。

针对申请商标，商标局于 2010 年 10 月 28 日作出 ZC8319578BH1《商标驳回通知书》，认为申请商标与在类似商品上的引证商标近似，依据《商标法》第二十八条的规定，对申请商标的注册申请予以驳回。

爱涞服装公司不服，于法定期限内向商评委提出复审申请。其主要理由为：申请商标与引证商标在字母构成及整体外观上不构成近似商标，请求商评委准予申请商标的注册申请。

商评委于 2013 年 7 月 22 日作出第 22064 号决定，认定申请商标指定使用的"背包、伞、登山杖"等商品与引证商标核定使用的"旅行包（箱）、伞、手杖"等商品属于同一种或类似商品。申请商标与引证商标在文字构成、呼叫上相近且不易区分，若使用在同一种或类似商品上，易引起消费者的混淆和误认，已构成使用在同一种或类似商品上的近似商标。商评委决定：申请商标予以驳回。

北京市高级人民法院经审理认为，申请商标为"ALIKE"，引证商标为"阿迪莱克 ADLIKE"，将二者对比，申请商标的商标标识与引证商标的英文部分在字母构成、呼叫等方面极为近似。在此基础上，若将申请商标与引证商标共同使用在类似商品上，极易使相关公众认为其与引证商标核定使用的商品来源于同一主体或其提供者之间具有特定的联系，从而造成对商品来源的混淆误认，被异议商标与引证商标已经构成近似商标，故商评委及原审法院认定申请商标与引证商标已经构成使用在相同或类似商品上的近似商标，本院予以支持。

七、图文组合商标近似的认定

图文组合商标近似的认定需要采用整体比对和主要部分比对相结合的方法,并考虑商标的特征及通常的呼叫习惯等因素。多数情形下,将组合商标中的文字字形及读音作为主要部分加以比对。例如,在崔某文、商评委、方正县宝兴新龙米业有限公司(以下简称"宝兴新龙米业公司")因商标权无效宣告请求行政纠纷一案[1]中,北京市高级人民法院认为,判断商标是否构成近似,应当以相关公众的一般注意力为标准,既要考虑商标标志构成要素及其整体的近似程度,也要考虑相关商标的显著性和知名度、所使用商品或服务的关联程度,以是否容易导致混淆作为判断标准。

该案的基本案情是:第13043443号"方正寒育"商标(以下称争议商标),由崔某文于2013年8月7日向商标局提出注册申请,核定使用商品为第30类谷类制品、以米为主的零食小吃、米粉糊、米、西米、谷粉制食用面团、豆粉、食用淀粉、米粉、去壳大麦。该商标专用权期限至2025年1月20日。

第1730929号"寒育HY及图"商标(以下即引证商标)由宝兴新龙米业公司于2000年12月5日向商标局提出注册申请,核定使用商品为第30类米、谷类制品、食用面粉、人食用的去壳谷物、面粉、汤圆粉、玉米(烘过的)、糕点用粉、玉米粉、挂面。该商标专用权期限至2022年3月13日。

---

[1] (2017)京行终2403号。

2015年6月26日，宝兴新龙米业公司对争议商标提出无效宣告请求。

2016年5月16日，商评委作出商评字〔2016〕第42634号《关于第13043443号"方正寒育"商标无效宣告请求裁定书》（以下简称"第42634号裁定"）。该裁定认定认为：争议商标"方正寒育"完整包含引证商标中文"寒育"，且整体上未形成明显区别含义，两商标构成近似标志。争议商标核定使用的谷类制品、米、西米、谷粉制食用面团、米粉、去壳大麦商品与引证商标核定使用的米等商品在功能用途、销售渠道、消费对象等方面相近，属于同一种或类似商品；争议商标核定使用的以米为主的零食小吃、米粉糊、豆粉、食用淀粉商品与引证商标核定使用的米、食用面粉等商品在使用场所、消费渠道、消费对象等方面具有较强重合性。同时考虑到引证商标在米商品上具有一定知名度，崔某文与宝兴新龙米业公司同属同一地区，争议商标与引证商标并存使用在上述商品上，易使消费者对商品来源产生混淆误认，故争议商标与引证商标已构成《商标法》第三十条所指的使用在同一种或类似商品上的近似商标。商评委裁定：争议商标予以无效宣告。

崔某文不服第42634号裁定，向北京知识产权法院提起诉讼。宝兴新龙米业公司向一审法院提交了引证商标驰名的证据和争议商标使用具有恶意，并易造成公众混淆的证据。

北京知识产权法院认为：争议商标"方正寒育"的显著识别部分为"寒育"，引证商标"寒育HY及图"的显著识别部分也为"寒育"。争议商标完整包含引证商标的显著识别部分，分别使用在类似商品上容易引起消费者的混淆误认，二者已构成近似商标。虽然争议商标核定使用的商品中，除"谷类制品""米""西米""谷粉制食用面团""米粉""去壳大麦"以外的其他商品与引证商标核定使用的商品在《类似商品和服务区分表》中并非处于同一类似群组，但两商标核定使用的商品均由米类相关粮食作物为商品原材料，在功能和用途上均是供人食用满足饱腹的目的，也都是通过农贸市场、超市、网上超市等渠道进行销售，消费对象也均为食品类购买者。故争议商标与引证商标核定使用的商品在诸多方面存在关联度和重合性，应认定其构成相同或类似商品。北京知识产权法院依照《中华人民共和国行政诉讼法》第六十九条之规定，判决驳回崔某文的诉讼请求。

崔某文、商评委、宝兴新龙某公司均不服原审判决，向北京市高级人民法院提起上诉。

北京市高级人民法院认为：引证商标是由汉字"寒育"、字母"HY"及圆形弧线构成的图文组合商标，根据相关公众对图文组合商标的认读习惯，"寒育"是引证商标的显著识别部分。争议商标"方正寒育"完整包含了引证商标的显著识别部分"寒育"，且其含义并未发生明显不同。若争议商标与引证商标共同使用于相同或类似商品上，相关公众在施以一般注意力隔离观察时，容易认为使用两商标的商品系来源于同一主体或者两者之间有特定联系，从而产生混淆误认。因此，争议商标与引证商标构成使用在相同或类似商品上的近似商标。北京市高级人民法院最终认定，崔某文、商标评审委员会和宝兴新龙米业公司的上诉理由和上诉请求均不能成立，判决驳回上诉，维持原判。

当涉案商标与被控侵权标识均为图文组合商标，且该图文组合商标中的中文文字商标系案外人商标并已被认定为驰名商标或具有极高知名度时,涉案商标文字的显著性和知名度相对有限,涉案商标的图形部分具有较强的识别性。在此情形下的图文组合商标近似性比对,应从双方商标外观整体观察,不能仅以被控侵权标识使用与涉案商标相同的文字即认定两者构成近似。

八、立体商标近似的认定

立体商标是由三维标志或者与其他标志组合构成的具有区别性的标识。立体商标近似比对应当采取整体比对的方式,并重点关注立体商标中三维标志本身的显著性,若三维标志本身具有较强的显著性,在进行近似比对时,应当重点比对三维标志部分,即被控侵权标识与立体商标中具有显著特征的三维标志近似,容易使相关公众对商品或者服务的来源产生混淆或误认的,可以认定为近似商标。若三维标志本身不具有显著性,则应当考虑立体商标中具有显著性的部分与被控侵权标识进行比对,若构成要素近似且容易使相关公众对商品或者服务的来源产生混淆或误认的,可以认定为近似商标。

相反,如果被控侵权标识与立体商标中的三维标志或者其他标志部分不具有显著的部分构成近似,同时又与立体商标中具有显著性的标志区别,不会使相关公众对商品或者服务的来源产生混淆或误认的,就不能认定为近似商标。

例如,在南京九蜂堂蜂产品有限公司(以下简称"九蜂堂公司")与南京老山营养保健品有限公司(以下简称"老山公司")侵害商标权纠纷案❶中，江苏省高级人民法院认为，在对立体商标进行近似性判断时，应当进行整体比较，并重点关注三维标志本身是否具备一定的显著性，并以此来判断被控侵权标识与立体商标是否构成相同或近似。

该案的基本案情是：九蜂堂公司成立于1997年10月，经营范围为生产加工蜂产品、蜂花粉、蜂产品制品，蜂产品销售。其于2007年10月向商标局申请在第30类商品上注册小熊立体商标。2010年2月，该商标被核准注册。2009年至今，九峰堂公司在其生产的蜂蜜上持续使用该立体商标。2009年下半年，九峰堂公司发现老山公司在相同的蜂蜜商品上使用了与该立体商标近似的商标，使消费者对两者产品的来源产生混淆和误认，损害了九峰堂公司的权益。

南京市中级人民法院一审认为，老山公司在与九峰堂公司相同的商品上，使用了与九峰堂公司涉案注册商标近似的商标，构成对九峰堂公司注册商标专用权的侵害，应承担停止侵权、赔偿损失的民事责任。

一审宣判后，老山公司不服提出上诉。

江苏省高级人民法院二审认为，涉案商标为呈坐立状的"小熊瓶形"，瓶盖呈礼帽形状，小熊的两臂向前弯曲下垂，置于身体两侧，小熊的两腿前伸，相对于其他盛放蜂蜜的普通容器来说，"小熊瓶形"的整体立体形状非常独特，属于组合商标中三维标志显著的情形，因此在判断被控侵权标识与涉案商标是否相同或近似时，

---

❶ （2013）苏知民终字第0038号。

应当重点比对涉案商标中具有显著性的三维标志本身。与涉案立体商标相比，老山公司使用的"洋槐蜜"包装在小熊的面部特征、瓶盖尺寸、标签形状等存在差别，但上述差别相对于小熊瓶形的形状来说，均属于较细微的差别，故老山公司使用的被控侵权商品包装与涉案商标相比，整体形状构成近似。老山公司与九蜂堂公司皆为住所地在南京的蜂产品生产企业，其销售渠道和销售区域存在重合性，两者生产、销售的商品又系同一种商品，实际生活中，两者的商品往往会陈列在同一货架上，且涉案商品蜂蜜系一种价格便宜的大众化食品，消费者在购买过程中不会施以过多的注意，在作出购买决定时不会考虑太多，当在同一种商品上看到近似的包装时，会对商品的来源产生混淆或误认。老山公司作为在相关公众及江苏等地区具有一定影响力和知名度的企业，其更应当具有较高的品牌意识，关注同行业同地区竞争者所使用的注册商标并注意加以避让，以防止侵害他人的商标权，但其使用的包装与涉案立体商标相比，整体形状构成近似，极易使消费者产生混淆、误认，侵害了九蜂堂公司依法享有的商标权。

九、颜色组合商标近似的认定

颜色组合商标是由两种或者两种以上颜色构成的商标。两商标均为颜色组合商标的，应当根据组合的颜色和排列方式等因素判定是否近似，易使相关公众对商品或者服务的来源产生误认的，可以认定为近似商标。但如果组合的颜色近似，整体观察发现整体视觉效果差别较大的，就不能认定为近似商标。

例如，在九方泰禾国际重工（青岛）股份有限公司（以下简称"九方泰禾青岛公司"）、九方泰禾国际重工（北京）有限公司（以下简称"九方泰禾北京公司"）与迪尔公司侵害商标权及不正当竞争纠纷案❶中，北京市高级人民法院认为，在判断颜色组合商标与被控侵权商标是否构成相同或近似时，应以消费者的一般注意力为标准，重点从颜色组合的使用位置、排列组合方式、颜色色差、整体视觉效果等方面进行观察，如果使用在相同或类似商品上，易使相关公众对商品或服务的来源产生混淆误认，则应判定商标相同或近似。

该案的基本案情是：2005年2月3日，迪尔公司向商标局提交了第4496717号商标的注册申请，指定使用商品为第7类的农业机械、联合收割机、中耕机、收割机、割草机等，并在商标说明项中记载"迪尔公司在此以图样所示的颜色组合（绿色与黄色）申请注册商标，其中，绿色用于车身，黄色用于车轮"。

2009年3月21日，经商标局核准，迪尔公司取得第4496717号商标的注册商标专用权。同日，迪尔公司也取得第4496718号商标的注册商标专用权，核定使用商品为第12类的翻斗卡车、拖拉机，有效期为2009年3月21日至2019年3月20日。

2011年7月21日，经商标局核准，九方泰禾北京公司对第8475901号"迪马"文字商标取得注册商标专用权，核定使用商品为第7类的农业机械、犁、收割机、中耕机、播种机（机器）、插秧机等，注册商标的有效期为2011年7月21日至2021年7月20

---

❶ （2014）高民终字第382号。

日。2011年7月28日,经商标局核准,九方泰禾北京公司对第8495193号商标取得注册商标专用权,核定使用商品为第7类的农业机械、犁、收割机、中耕机、播种机(机器)、插秧机等,注册商标的有效期为2011年7月28日至2021年7月27日。九方泰禾北京公司通过与九方泰禾青岛公司签订普通许可使用协议,许可其使用上述商标,期限自2011年2月20日起至2015年12月31日。

北京市长安公证处于2011年11月16日出具了(2011)京长安内经证字第18899号公证书。根据公证书记载,迪尔中国公司委托代理人史某久对该展会标有"九方泰禾国际重工青岛股份有限公司"横幅的室外展台的外部环境及该展台内停放的收割机拍摄了照片,并从该展台内领取了宣传彩页。宣传彩页的正中显示有一台收割机,彩页左下方标有第8495193号图形商标和"九方泰禾"字样,右下方显示"九方泰禾国际重工(青岛)股份有限公司,地址:青岛经济技术开发区燕山路588号,邮编:266500,销售电话:0532-86106079,网址:www.jotec.cn"等字样。公证书所附照片显示该展台内标有第8495193号商标,以及"迪马——可靠承载丰收""绿色·科技·美好未来""JOTEC"等字样,该展台内还展示有多台收割机,其外观均为绿色车身、黄色车轮,其上标有"迪马"文字商标和第8495193号商标,车身中部装饰有黄黑条带。

北京市长安公证处于2012年8月8日出具了(2012)京长安内经证字第14445号公证书。根据该公证书的记载,使用该公证处的计算机访问网址为"www.jotec.cn"的网站,可见其网页左上方显示有第8495193号商标,以及"九方泰禾""JOTEC"等字样,右上方显示"绿色·科技·美好未来"等字样,并对收割机商品进行了展示，该商品具有绿色车身，黄色车轮，其上标有"迪马"文字商标和第 8495193 号商标，车身中部装饰有黄黑条带。该公证书同时记载，经访问工业和信息化部 ICP/IP 地址 / 域名信息备案管理系统，在搜索栏键入"jotec.cn"，显示一个查询结果，记载该网站的主办单位为九方泰禾北京公司，网站备案许可证号为京 ICP 备 10213622 号 -1，网站名称是九方泰禾北京公司，网站首页网址为"www.jotec.com.cn"，网站域名包括"jotec.cn""jotec.com.cn"等，审核时间是 2011 年 4 月 8 日。

北京市长安公证处于 2012 年 10 月 23 日出具了（2012）京长安内经证字第 18957 号公证书。根据公证书的记载，迪尔中国公司委托代理人李某对该展会"W1"馆内的"九方泰禾"展区（根据现场标识所示）内停放的收割机拍摄了照片，并从该展区领取了宣传材料。公证书所附照片显示，该展会的展位图及企业名录中写有"九方泰禾国际重工（青岛）股份有限公司"的名称，展台内标有"迪马"文字商标和第 8495193 号商标，以及"迪马 -- 可靠承载丰收""绿色・科技・美好未来""九方泰禾""JOTEC"等字样，该展台内展示有多台外观为绿色车身，黄色车轮，其上标有"迪马"文字商标和第 8495193 号商标，车身中部装饰有黄黑条带的收割机。

北京市长安公证处于 2012 年 10 月 23 日出具了（2012）京长安内经证字第 4934 号公证书。根据公证书的记载，九方泰禾青岛公司门口标牌显示"九方泰禾国际重工（青岛）股份有限公司"和"JOTECINTERNATIONALHEAVYINDUSTRY（QINGDAO）CO.，LTD"字样，该公司一名孙姓工作人员带领公证人员和马某瑞参观了商品设备展示区域,并进行相关介绍,公证人员和马某瑞现场取得商品宣传册两份、名片两张,并对公司门口标牌、公司内部展示的机器设备及相关商品进行了拍照。其中一份宣传册的封面上部印有"迪马·飞龙·玉米机"字样,中间展示了外观为绿色车身,黄色车轮,其上标有"迪马"文字商标和第8495193号商标,车身中部装饰有黄黑条带的收割机,该宣传册的内页左上方印有"迪马·飞龙(升级版)"字样,以及三台与前述外观形象相一致的收割机,宣传册最后一页左上方印有"绿色·科技·美好未来"字样,中间印有"迪马·飞龙"字样,左下方显示"九方泰禾国际重工(青岛)股份有限公司"字样,并标有地址、邮编、电话和网址等信息。另外一份宣传册的封面左上方印有"迪马"文字商标,中间展示了与前述外观形象相一致的收割机,右边印有"绿色·科技·美好未来"字样,左下方印有第8495193号商标和"九方泰禾"字样,右下方显示"九方泰禾国际重工(青岛)股份有限公司"字样,并标有地址、邮编、电话和网址等信息。公证书所附名片的左上方印有第8495193号商标和"JOTEC"字样,其下印有"孙某峰副总经理"字样,右方显示"九方泰禾国际重工(青岛)股份有限公司"字样,以及地址、邮编、电话等信息,名片背面印有"迪马——可靠承载丰收""JOTEC""九方泰禾""http://www.jotec.cn/"字样和第8495193号商标。公证书所附照片显示,九方泰禾青岛公司内部墙上标有第8495193号商标和"JOTEC""九方泰禾"字样,场地内停放了多台与前述外观形象相一致的收割机。

北京市长安公证处于2013年9月24日出具了(2013)京长安内经证字第19496号公证书。根据公证书的记载,迪尔中国公司的委托代理人付某在公证人员的现场监督下,对标有"山东润源实业有限公司"和"九方泰禾国际重工(青岛)股份有限公司"横幅的室外展台的外部环境及该展台内停放的两台农业机械拍摄了照片,并从该展区领取了宣传材料。其中一份宣传材料的中间部位印有三台农业机械,该农业机械具有绿色车身、黄色车轮,其中驾驶室的颜色为白色,其上标有"中国·润源"等字样,车身中部装饰有黄黑条带;该宣传材料的下方标有"山东润源实业有限公司"字样,并印有地址、邮编、电话和网址等信息。另外一份宣传材料的右侧展示一台农业机械,该农业机械具有绿色车身、黄色车轮,其中驾驶室的颜色为白色,其上标有"山东润源实业有限公司制造"等字样,车身中部装饰有黄黑条带。公证书所附照片显示,该展台展示有两台农业机械,该农业机械具有绿色车身、黄色车轮,其中驾驶室的颜色为白色,其上标有"中国·润源"等字样,车身上装饰有黄黑条带。该展台内还放置有九方泰禾青岛公司的展板,展板上方印有"迪马——可靠承载丰收"字样,下方标有第8495193号商标和"九方泰禾""九方泰禾国际重工(青岛)股份有限公司"等字样,还印有地址、邮编等信息,展板中间展示了外观为绿色车身、黄色车轮,其上标有"迪马"文字商标和第8495193号商标,车身中部装饰有黄黑条带的收割机。

北京市第二中级人民法院认为,九方泰禾青岛公司生产、销售了外观为绿色车身、黄色车轮,车身中部装饰有黄黑条带的收割机,并且在九方泰禾北京公司主办的网址为"www.jotec.cn"的网站上对上述商品进行了宣传。迪尔公司的第4496717号颜色组合商标核定使用商品包括农业机械、联合收割机和收割机等,本案被控侵权商品为收割机,两者属于相同商品。九方泰禾青岛公司在其生产、销售的收割机上使用了绿色车身、黄色车轮的颜色组合,与迪尔公司的第4496717号颜色组合商标进行比较,绿色和黄色的使用位置相同,排列组合方式一致,颜色基本无差异,在整体形象及表现风格上均十分接近,虽然被控侵权商品上同时标有黄黑条带,但通过整体观察,绿色车身和黄色车轮的外观处于显著位置,对整体视觉效果起到主要作用,而黄黑条带所占比例很小,对整体视觉效果基本无影响。综上,被控侵权标识与迪尔公司的第4496717号颜色组合商标相比较,二者在视觉上无实质性差别,构成相同商标。九方泰禾青岛公司使用与迪尔公司涉案注册商标相同的商标标识,容易导致相关公众对二者的商品来源产生混淆误认。虽然被控侵权商品上同时标有"迪马"文字商标和第8495193号图形商标,但与迪尔公司的涉案注册商标相比较,其所占比例偏小,显著程度较低。因此,九方泰禾青岛公司、九方泰禾北京公司关于相关公众不会对被控侵权商品与迪尔公司涉案注册商标产生混淆的主张依据不足,不予采纳。

九方泰禾青岛公司、九方泰禾北京公司均不服原审判决,提起上诉。

北京市高级人民法院经审理认为,迪尔公司取得第4496717号商标专用权的基础在于该颜色组合商标的特殊使用方式及经过这种使用所取得的显著特征,九方泰禾青岛公司在被控侵权商品上同样使用"绿色车身、黄色车轮"也就会被相关公众误认为同样是商标的使用,甚至是对第4496717号商标的使用。虽然被控侵权商品单价价值较大,相关公众对其选择会比较慎重,但是由于九方泰禾青

第三章 商标侵权行为判定一般步骤

岛公司在被控侵权商品上使用了与第 4496717 号商标几乎完全一致的"绿色车身、黄色车轮"标志,即使其上还有九方泰禾公司的名称、地址和"迪马"商标等标志,仍会导致相关公众误认为被控侵权商品的提供者与迪尔公司有经营上、组织上或者法律上的特定联系,从而导致混淆误认。九方泰禾青岛公司关于其行为不构成侵权、原审判决适用法律错误等上诉理由缺乏依据,本院不予支持。

该案为国内首例颜色组合商标侵权案件,北京市第二中级人民法院关于颜色组合商标认定为相同的观点,笔者有些异议。北京市第二中级人民法院查明的事实中载明,二者"在整体形象及表现风格上均十分接近,虽然被控侵权商品上同时标有黄黑条带,但通过整体观察,绿色车身和黄色车轮的外观处于显著位置,对整体视觉效果起到主要作用,而黄黑条带所占比例很小,对整体视觉效果基本无影响",说明被控颜色组合商标与迪尔公司的颜色组合商标还在存在一些不同,但北京市第二中级人民法院根据"二者在视觉上无实质性差别"认定二者系相同商标的观点,笔者认为判断颜色组合商标相同还是应当以"颜色组合商标构成相同"为基础进行判断,该案中,被控颜色组合商标除"绿色""黄色"外,还包括"黄黑条带"等因素,虽然"黑色"部分所占比例较小,也不能"忽视"其存在。反观北京市高级人民法院的裁判观点,虽然其认为被控侵权颜色组合商标与迪尔公司的颜色组合商标几乎完全一致,但没有作出相同商标的结论。对此,笔者认为,虽然无论是认定相同商标还是近似商标并不影响该案的判决结果,但是在法律适用上,还是应当本着严谨、必要、合法、适当的原则,将被控侵权颜色组合商标与迪尔公司的颜色组合商标认定为近似商标更为合适。

同样，在中联重科股份有限公司（以下简称"中联公司"）与青岛青科重工有限公司（以下简称"青科公司"）、长沙国际会展中心管理有限责任公司（以下简称"会展公司"）侵害商标权纠纷案❶中，湖南省长沙市中级人民虽然认为两商标绿色基本相同，灰色部分及黑色部分与原告注册商标的暖灰色、冷灰色基本相同，但没有作出相同商标的认定，而是认为构成商标近似。

该案的基本案情是：中联公司系第18338886号商标注册所有人，该商标以绿色、冷灰色、暖灰色三种颜色构成颜色组合商标，注册有效期自2016年12月21日至2026年12月20日，核定使用商品为第12类，包括陆、空、水或铁路用机动运载工具，起重机，洒水车，混凝土搅拌车，车身等。国家知识产权局商标档案亦有类似记载，原告提交的注册申请书载明，商标说明为"颜色组合商标，其中绿色为PANTONE潘通国际标准色号2290CP；冷灰色为PANTONE潘通国际标准色号COOLGRAY11C；暖灰色为PANTONE潘通国际标准色号WARMGRAY4C"，三种颜色在机械设备上作为外观使用。2015年4月15日起，中联重科将星耀灰、砂砾灰、极光绿作为其混凝土泵车、混凝土搅拌运输车、混凝土搅拌车的涂装主题色，并先后在"第十三届中国（北京）国际工程机械、建材机械及矿山机械展览与技术交流会""美国国际工程机械博览会"（CONEXPO）、"长沙国际工程机械展览会"等展会展览，原告及其工程机械商品曾荣获中国机械工业科学技术奖一等奖"2015年度中国机械工业百强证书（2016）""中国品牌价值500强证书（品牌

---

❶ （2019）湘01民初2626号。

估值 414.14 亿元）（2016 年）""2016 年亚洲品牌 500 强证书（2016 年）""全国质量信得过产品 CAQI 证书（ZOOMLION 中联重科工程机械产品、环卫机械、农业机械等）（2016 年）"等荣誉称号。

（2019）湘长麓证民字第 4332 号公证书记载，2019 年 5 月 16 日 12 时 27 分，公证员黄某、李某、詹某一同来到标有 C3 展馆外一家标有"青科重工有限公司"字样的展会，李某使用上述华为手机对该展会及所展示的产品进行了拍照、摄像。詹某使用黄某携带的苹果手机对该展位及所展示的产品进行了拍照，并向该展会内工作人员进行了咨询，咨询过程中取得了宣传资料若干。

庭审中，在商标对比中中联公司认为，商标 18338886 号权利商标主要选取了绿色、冷灰色、暖灰色三种颜色组成，被控侵权产品上使用的颜色装潢为绿色、灰色、黑色。青科公司、会展公司经比对认为，颜色商标比对应该包括颜色比对和颜色顺序比对，按照商标证注册的颜色顺序，被告的产品的涂装颜色与涉案商标的颜色从排序上截然不同。

湖南省长沙市中级人民法院认为，被控侵权的产品使用的绿色、灰色、黑色，与原告注册商标的颜色商标相对比，绿色基本相同，灰色部分及黑色部分与原告注册商标的暖灰色、冷灰色基本相同，在一般公众看来，容易产生混淆和误认，构成商标近似。

第四节 混淆与误导的判定

从商业标识的分类来说，混淆分为对商品和服务来源的混淆、对生产经营主体产生混淆及对于生产经营活动本身产生混淆，其中对商品和服务来源产生混淆涉及的是商标问题，对生产经营主体产生混淆涉及的是企业名称、社会组织名称和姓名等，对生产经营活动本身产生混淆涉及的是域名问题等。因此，商标法所提及的混淆性问题均是指对商品和服务来源产生混淆。

是否足以让人产生混淆是整个商标法灵魂级的存在，是判定是否构成商标侵权的根本所在，可以说"是否导致混淆"贯穿整个商标法的始终，从是否为商标性使用，到同一种商品或服务及类似商品或服务的判定，再到相同或者近似商标的判定几乎都需要引用。商标性使用一定是指商标法意义上的商标使用。商品类似是指商标法意义上的类似商品，也可以说是足以让人产生混淆的类似商品。商标相同或者近似是指商标法意义上的相同或者近似商标，也可以说是足以让人产生混淆的相同或者近似商标。

相关公众是评判是否足以使人产生混淆的主体。相关公众并非一般社会公众，不能以个别消费者或者经营者的个体判断来认定是否足以造成混淆。相关公众应当包括商标所标示的商品或者服务的消费者、商标所标示的商品的生产者或者服务的提供者，以及与商标所标示的商品或者服务在经销渠道中所涉及的经营者或者相关人员等。

混淆包括两种情形：一是来源混淆，即相关公众对商品或者服务的来源产生误认，认为标识系争商标的商品或者服务是注册商标或者未注册商标驰名商标所有人生产或者提供的；二是关联关系混淆，即相关公众误认为标识系争商标的商品的生产者或者服务的提供者与注册商标或者未注册商标驰名商标所有人具有投资、许可使用和及合作等关联关系。

《江苏省高级人民法院侵害商标权民事案件审理指南》对混淆情形进行分类时还包括了商品和服务本身的混淆，对此笔者不甚赞同。虽然前文一直在强调商品或者服务的类似是足以让人产生混淆，也就是说认定类似商品或者服务时要引入混淆性的因素，其目的还是在于说明对商品或服务的来源产生混淆，但不是说对商品和服务本身产生混淆。如果照此分类方式，是不是还可以分出一个商标混淆的概念。同时笔者认为，《商标法》第四十八条已经明确指明了商标使用的目的是区分商品和服务的来源，是一种来源混淆，即是对商品和服务是由哪一个企业生产或者提供产生混淆。《最高人民法院关于审理涉及驰名商标保护的民事纠纷案件应用法律若干问题的解释》（以下简称《驰名商标司法解释》）、《商标审查审理指南》及《商标侵权判定标准》中关于商标法提及的"容易导致混淆"时，也只是分为"来源混淆"和"关联关系混淆"两种情形，而且关联关系混淆是在来源混淆的基础上，基于合作、许可、投资等关系上的进一步扩展，这个扩展也是基于"来源混淆"的扩展，并没有脱离"来源混淆"的概念，故关联关系混淆的本质还是对商品或服务的来源产生混淆。

　　混淆性问题多是发生在同一种与类似商品或者服务上使用相同或者近似商标时，一般情况下，跨商品或者服务类别是不会产生混淆性问题的，驰名注册商标跨类保护的问题实际上已经突破了混淆性的范畴，依据《商标法》第十三条第三款的规定，驰名商标跨类保护的意义在于制止误导相关公众，进而给驰名商标权人造成损失的行为。误导包括三种情形：一是足以使相关公众认为系争商标与驰名商标具有相当程度的联系，而减弱驰名商标的显著性；二是系争商标的注册和使用可能贬损驰名商标的声场声誉；三是系争商标的注册和使用可能不正当影响驰名商标的市场声誉。

在司法实务中，混淆性的判断是一个非常棘手的问题，既是一个事实判断问题，也是一个法律适用问题。混淆性的判断既要考虑商标本身的近似程度、商标的显著性和知名度，也要考虑商品或者服务的关联程度和类似性，同时还要考虑商品或者服务的特点、商标使用的方式及相关公众的注意力和认知程度。侵害商标权诉讼中的混淆性判断，既要考虑客观现实的混淆，又要关注混淆的可能性。混淆的可能性并不必然导致客观现实的混淆，而客观现实的混淆不是必须以混淆的可能性为前提。例如，在苏州鼎盛食品有限公司（以下简称"鼎盛公司"）诉江苏省苏州工商局行政处罚案❶中，江苏省高级人民法院认为，是否造成市场混淆，不仅包括现实的混淆，也包括混淆的可能性。

该案的基本案情是：鼎盛公司分别于2003年1月、2006年9月、2008年10月及2010年2月注册取得第3003766号、第4155628号"艾维尔 I Will"文字及图商标、第5063450号"爱维尔"文字商标及第6289718号"爱维尔 I will"文字及图商标，核定使用商品均为第30类蛋糕、面包、月饼等。

2009年6月23日，原告鼎盛公司与浙江健利包装有限公司签订订购合同，约定由浙江健利包装有限公司为鼎盛公司制作涉案标有标识（以下称为"I will 爱维尔"与"乐活 LOHAS"连用标识）的礼盒、手拎袋、单粒包等包装产品。2009年8月，鼎盛公司开始

---

❶ （2011）苏知行终字第004号。

生产月饼,并将其当年度所生产的月饼划分为"秋爽""美满""星月""和谐"及涉案的"乐活"等总计23个类别,同时制作相应的广告宣传目录册。2009年9月初,鼎盛公司将上述月饼投放市场,主要通过鼎盛公司在苏州市大范围内的63家爱维尔直营店、加盟店销售、直接向公司订货及临时聘请外来人员以销售礼品券的方式进行销售。鼎盛公司在涉案"乐活"款月饼的手拎袋、内衬及月饼单粒包装盒外侧左下角显著位置均标注"I will 爱维尔"与"乐活 LOHAS"连用标识,手拎袋两侧同时标注有生产商鼎盛公司名称、电话、厂址等信息。

第三人东华纺织集团有限公司(以下简称"东华公司")经商标局核准于2009年7月14日取得第5345911号(以下简称"乐活 LOHAS")注册商标,核定使用商品为第30类糕点、方便米饭、麦片、冰淇淋,尚未在产品上使用该商标。2009年9月8日,被告苏州工商局接到举报称原告鼎盛公司生产销售的"乐活 LOHAS"等月饼有商标侵权嫌疑,故展开相应调查。经查明,鼎盛公司在当年生产销售的23款月饼中有一款月饼使用"乐活 LOHAS"商标。

2010年6月11日,苏州工商局作出苏工商案字(2010)第00053号行政处罚决定,认定鼎盛公司的行为属于侵犯注册商标专用权的行为。

苏州市中级人民法院一审认为,原告鼎盛公司对涉案标识的使用构成商标意义上的使用,与"乐活 LOHAS"注册商标相比,两者构成近似。本案是否构成商标侵权的争议主要在于应否考虑混淆,但若他人使用标志的行为使这种联系受到削弱或影响,从而对商标权人使用注册商标产生实质性妨碍的,则无须考虑是否混淆。

本案中，爱维尔品牌在特定区域范围内具有相对较强的知名度，鼎盛公司在该区域大量使用涉案标识会使相关公众在"乐活LOHAS"与"I Will 爱维尔"之间建立起某种关联，从而客观导致东华公司与其注册的"乐活LOHAS"商标的联系被割裂，故鼎盛公司使用"乐活LOHAS"的行为构成对东华公司注册商标专用权的侵害。

鼎盛公司不服一审判决，向江苏省高级人民法院提起上诉。

江苏省高级人民法院二审认为，侵犯注册商标专用权意义上的商标近似应当是混淆性近似，是否造成市场混淆是判断商标近似的重要因素之一。其中，是否造成市场混淆，通常情况下，不仅包括现实的混淆，也包括混淆的可能性。一方面，从整体对比来看，上诉人鼎盛公司使用的"I will 爱维尔"与"乐活LOHAS"连用标识中，"乐活LOHAS"在整体结构中较为突出，占主要部分，且该部分的中英文字的字形、读音及含义与东华公司"乐活LOHAS"注册商标完全相同，构成要素非常接近，易使相关公众对商品的来源产生误认。另一方面，从"乐活LOHAS"注册商标的显著性和知名度考虑，两商标易造成市场相关公众的混淆和误认。"乐活LOHAS"作为注册商标并未被撤销，也说明"乐活"一词虽具有一定含义，但该词汇在核准注册时因尚未达到通用词汇的程度，具有一定的显著性。

本案对是否造成两者混淆的侵权判断应当以行政机关查处的时间为判断基准。在没有证据证明被上诉人东华公司注册"乐活LOHAS"商标的行为存在恶意抢注的主观故意时，需要为尚未使用注册商标的商标权人预留一定的保护空间，此时关于混淆的判断，应当更多地考虑混淆的可能性，而非是否产生了实际混淆。虽然鼎盛公司在涉案商标核准注册之前即已使用"乐活 LOHAS"字样进行相应包装设计和委托生产，但由于该使用时间很短暂，不足一个月，并未形成两商标因长期使用而善意共存的状况。如果一味以涉案注册商标未实际使用，不会造成实际混淆作为侵权判断标准，则有可能对商标注册制度造成不应有的冲击，不利于注册商标专用权的保护。

不足以让相关公众产生混淆，实质上并未损害商标的识别功能，不会给注册商标或者未注册驰名商标权人的合法权益造成损害，就不能认定为侵害商标权的行为。例如，在杭州奥普卫厨科技有限公司（以下简称"奥普卫厨公司"）与浙江现代新能源有限公司（以下简称"新能源公司"）、浙江凌普电器公司（以下简称"凌普公司"）及杨某侵害商标权纠纷案❶中，最高人民法院认为，商标法所要保护的是商标所具有的识别和区分商品及服务来源的功能，而非仅以注册行为所固化的商标标识本身。因此，商标标识本身的近似不是认定侵权行为是否成立的决定性因素，如果使用行为并未损害涉案商标的识别和区分功能，也未因此而导致市场混淆的后果，该种使用行为即不在商标法所禁止的范围内。

该案的基本案情是：2002年商标局核准注册涉案商标"aopu 奥普"，商标注册号为1737521，核定使用商品为第6类，包括金属毛巾架、金属固定毛巾分配器、金属建筑材料、家具用金属附件、金属锁（非电）、五金家具、窗用金属附件、钉子、保险柜和金属箱，注册有效期自2002年3月28日至2012年3月27日。新能源

---

❶ （2016）最高法民再216号。

公司受让成为该商标专用权人。

2009年11月17日,新能源公司许可现代(中国)投资有限公司使用第1737521号商标,许可期限为2009年11月1日至2012年3月27日,并办理了许可使用备案登记。

1995年2月21日,杭州奥普斯照明器材有限公司经核准注册"奥普"商标,注册号为730979,核定使用商品为第11类照明器材、取暖器、排气扇、照明、取暖、排风一体机。1998年6月28日,杭州奥普斯照明器材有限公司经核准注册"奥普"商标,注册号为1187759,核定使用商品为第11类热气沐浴装置、浴用加热器、沐浴单间等。杭州奥普斯照明器材有限公司后更名为杭州奥普电器有限公司。2001年6月,"奥普"注册商标被评为杭州市著名商标。2004年1月,杭州奥普电器有限公司的奥普企业商号被认定为浙江省知名商号。2002年7月7日,杭州奥普斯照明器材有限公司经核准注册"AUPU"商标,注册号为1803772,核定使用商品为第11类冰箱、厨房炉灶、排气风扇、取暖器、浴室装置等。2005年1月,杭州奥普电器有限公司使用在第11类浴霸、通风扇上的"奥普"商标被认定为浙江省著名商标。2005年9月8日,湖北省武汉市中级人民法院(2005)武知初字第25号民事判决书认定杭州奥普电器有限公司注册并使用在第11类商品上的"奥普"商标为驰名商标。

2004年3月21日,杭州奥普电器有限公司经核准注册"奥普"商标,注册号为3338892,核定使用商品为第6类未加工或半加工普通金属、铁路金属材料、金属绳索等。2006年12月21日,杭州奥普电器有限公司经核准注册取得"AUPU"商标,注册号为

4217092，核定使用商品为第6类非电气金属缆绳、非电气金属电缆接头、金属标志牌、铜焊金属焊条、金属风标、树木金属保护器、普通金属艺术品等。2009年4月14日，杭州奥普电器有限公司经核准注册"1+N"商标，注册号为5244151，核定使用商品为第6类铝、金属隔板（建筑）、建筑用金属板、建筑用金属盖板、金属片和金属板、金属建筑物等。2009年5月25日，杭州奥普电器有限公司与奥普卫厨公司签订商标使用许可合同，约定杭州奥普电器有限公司将第5244151号商标许可奥普卫厨公司使用，许可方式为普通许可，许可期限至一审开庭日尚未届满。2009年8月21日，杭州奥普电器有限公司经核准注册"1+N浴顶及图"商标，注册号为5244152，核定使用商品同第5244151号注册商标。

奥普卫厨公司成立于2004年9月9日，奥普卫厨公司和杭州奥普电器有限公司均系奥普集团控股有限公司下属的子公司。

2008年4月29日，杭州奥普电器有限公司与奥普卫厨公司签订商标使用许可合同，约定杭州奥普电器有限公司将注册号为730979、1187759、1803772、3338892、4217092的商标许可奥普卫厨公司使用，许可方式为普通许可，许可期限至一审开庭日尚未届满。2009年9月30日，杭州奥普电器有限公司与奥普卫厨公司签订商标使用许可合同，约定杭州奥普电器有限公司将5244152号商标许可奥普卫厨公司使用，许可方式为普通许可，许可期限至一审开庭日尚未届满。

杨某系苏州工业园区娄葑镇福鑫卫厨经营部业主，该经营部成立于2007年12月4日，经营类型为个体经营，专营"奥普电器1+N浴顶"，工商登记经营范围为卫厨、电器、扣板辅材的零售。

2009年11月6日,杭州奥普电器有限公司向商评委提出注册商标争议裁定申请书,要求注销商标号为1737521的涉案注册商标,商评委于2009年11月16日受理了该申请。

2009年11月18日,经新能源公司申请,浙江省海盐县公证处公证人员周某虹、袁某峰随同新能源公司的委托代理人俞某军来到坐落于江苏省苏州市华东装饰城综合区的"奥普1+N浴顶"商店,俞某军在该店购买了相同型号规格的"浴顶"14箱,并取得编号为0057860的收据一张。公证人员对购买过程进行了现场监督,拍摄了照片20张,并将照片制成了光盘两份,分别进行封存,其中一份交由申请人保存。2009年11月21日,浙江省海盐县公证处就上述证据保全过程出具了(2009)盐证内字第3514号公证书。

庭审中,奥普卫厨公司确认(2009)盐证内字第3514号公证书中涉嫌侵权产品为其向杨某提供的。公证购买的"浴顶"外包装箱注明为"AF002钛空银,普通扣板(300x300),浴顶通用组件",产品型号为"TKB-O1",外包装下方标明杭州奥普卫厨科技有限公司及相应的地址和电话,打开外包装的扣板上显著位置标注了"AUPU奥普®"。经一审法院当庭拆封公证实物查验,金属扣板的整体覆膜印有"AUPU奥普®"商标,在"AUPU奥普®"商标上方又加贴条线半透明膜,透过覆膜仍可以较为清晰地看到"AUPU奥普",金属扣板侧面则压印有"AUPU"标志,侧面覆膜上"AUPU奥普®"商标也未有任何覆盖。

另查明,2010年6月28日,嘉兴市工商行政管理局在处理凌普公司不规范使用注册商标案件中作出嘉工商2010贡字01号责令改正通知书。该通知书中明确:杭州奥普电器有限公司在第11类商品上已注册拥有了"奥普"商标。在第6类金属毛巾架、金属固定毛巾器、金属建筑材料等商品上，新能源公司注册了涉案注册商标。通过与新能源公司签订《商标使用许可合同》，凌普公司有权在第6类商品上使用涉案注册商标，但凌普公司实际使用中将产品的内外包装、各种广告及经销场所的店牌、招牌上的涉案注册商标自行改变为"奥普"文字，在引导消费者指向凌普公司的金属建筑材料的同时，更多的指向在市场上具有较高知名度的奥普电器产品，使消费者产生误认、混淆，凌普公司的行为构成不正当竞争，故责令凌普公司规范使用涉案注册商标，立即停止在产品的内外包装、各种广告及经销场所的店牌、招牌上笼统地使用"奥普集成吊顶"名称的行为。

再查明，中国建筑装饰装修材料协会在《关于"集成吊顶"产品相关问题的解释》中明确，"集成吊顶"是一种用于建筑装饰装修方面的装修材料的集成，是基于自身的材质、结构和安装特点而具有集成其他符合其标准的功能模块的吊顶产品。集成吊顶强调的是该产品具有集成符合其规格和标准的其他功能性模块的集成能力，其本身仍然是一种顶部装修材料，金属天花板、金属吊顶是金属建筑装饰材料的一种。在集成吊顶产品的实际销售中，是否需要在吊顶产品上加装电器模块、加装哪些电器模块、加装何种品牌的电器模块、加装哪个企业生产的电器模块完全取决于消费者的选择。

一审法院认为，被控侵权金属扣板的保护覆膜通体印制有"AUPU 奥普"，该标识虽由奥普卫厨公司在产品包装中另行加贴半透明塑料条覆盖，但依然可辨别，且产品上还有未覆盖的"AUPU

奥普"标识清晰可见。奥普卫厨公司在被控侵权产品上标注"AUPU 奥普®"的行为,应当视为商标使用。根据《商标法司法解释》第九条、第十条的规定,奥普卫厨公司在金属扣板产品上显著标注了"AUPU 奥普"标识,与涉案商标相比,其中的汉字"奥普"完全相同,英文字母"AUPU"与涉案注册商标中的"aopu"仅一个字母之差,从商标呼叫功能判断,均为"奥普",相同;从字形来看,"AUPU 奥普"与"aopu 奥普"两者应属于近似,以一般消费者的注意力往往容易造成混淆和误认,故杨某和奥普卫厨公司在金属扣板商品上使用"AUPU 奥普®"商标标识的行为构成对新能源公司涉案注册商标专用权的侵犯。

新能源公司、凌普公司、奥普卫厨公司、杨某均不服一审判决,在法定期限内向江苏省高级人民法院提起上诉。

江苏省高级人民法院二审认为,为规范市场竞争秩序,保护消费者利益,双方都应规范使用自己的注册商标,不得跨入对方注册商标的领地。在本案中,奥普卫厨公司明知"AUPU 奥普"标识与涉案商标近似,仍然在其生产和销售的金属扣板上予以使用,构成对涉案商标专用权的侵犯。与涉案商标相比,奥普卫厨公司的电器类"奥普"注册商标具有较高的知名度,消费者将奥普卫厨公司生产、杨某销售的被控金属扣板误认为来源于新能源公司的可能性较小,但将新能源公司生产销售的金属扣板误认为来源于奥普卫厨公司,或认为二者之间存在某种关联的可能性较大。这必然会降低乃至于消灭涉案注册商标在消费者心目中的影响,妨碍新能源公司合法行使涉案商标专用权,对其合法利益造成损害。因此,奥普卫厨公司和杨某关于其在金属扣板上使用"AUPU 奥普"标识不会造成相关公众的混淆误认，其不应当承担侵权责任的主张没有依据。

最高人民法院再审认为，关于被控侵权标识的使用方式是否会导致市场混淆的后果，从杭州奥普电器有限公司享有在先权利的情况来看，除在第 11 类"浴室装置"等商品上拥有的"奥普"及"AUPU"注册商标之外，杭州奥普电器有限公司在第 6 类"建筑用金属板、金属隔板（建筑）"上还拥有"1+N""1+N 浴顶"注册商标，在第 11 类"浴室装置"等商品上拥有"1+N""1+N 浴顶""浴顶"等注册商标。上述商标的核准注册日期均早于本案被控侵权行为发生的时间。从被控侵权产品的销售场所来看，新能源公司公证购买被控侵权产品的行为发生在奥普卫厨公司经销商的门店之中。在该门店的招牌上，以突出的方式使用了"奥普"及"1+N 浴顶"字样。从被控侵权产品对标识的使用情况来看，在被控侵权产品的外包装上，除标注有"产品名称：普通扣板"之外，还清晰地标明了生产商奥普卫厨公司企业名称的全称、"1+N 浴顶""浴顶"的商标图样。在拆开外包装后，可看到扣板侧面同时标注有"AUPU 奥普。""1+N 浴顶"及奥普卫厨公司企业名称的全称。由此可见，被控侵权产品的销售地点为奥普卫厨公司的正规销售门店，该门店之上突出标注了奥普卫厨公司的字号及注册商标。被控侵权产品的外包装和产品本身均清晰标注了奥普卫厨公司企业名称的全称及杭州奥普电器有限公司在第 6 类商品上拥有的"1+N 浴顶"等其他注册商标，据此，一般消费者凭借奥普卫厨公司在销售场所和被控侵权商品上标注的上述信息，已足以实现对商品来源的清晰区分，不会导致误认被控侵权产品来源于新能源公司的结果，也不会产生攀附新能源公司对涉案商标享有的商业信誉的损害后果。据此，奥普卫厨公司使用被控侵权标识的行为不构成对涉案商标权的侵害,在此基础上,杨某销售被控侵权产品的行为也不构成侵权行为。

商标法意义上的商品类似、商标近似等认定最终都是以是否容易导致混淆作为判断标准,不会容易导致混淆就不能认定为商标近似。例如,在汕头市澄海区建发手袋工艺厂(以下简称"建发工艺厂")因商标无效宣告复审行政纠纷案❶中,北京市高级人民法院认为,认定商标是否近似,既要考虑商标标志构成要素及其整体的近似程度,也要考虑相关商标的显著性和知名度、所使用商品的关联程度等因素,以是否容易导致混淆作为判断标准。

该案的基本案情是:建发工艺厂于1997年11月5日提出"MK"注册号为1244366的商标注册申请,核准专用期限至2019年2月6日。核定使用的商品为第18类旅行袋,旅行箱,帆布背包,手提包,运动用手提包,包装用皮袋(包、小袋),购物袋,公文包,钱包,书包。

迈可寇斯(瑞士)国际股份有限公司(以下简称"迈可寇斯公司")于2003年6月24日提出"MKMICHAELKORS"注册号为3603887的商标注册的申请,核准专用期限至2023年6月6日。核定使用商品为第18类旅行箱、背包、行李箱、手提箱、伞、手提包、钱包、皮夹。

建发工艺厂以迈可寇斯公司第3603887号"MKMICHAELKORS"商标与其在同一种或类似商品上在先注册的第1244366号"MK"商标近似为由向商评委提出无效宣告申请,商评委于2016年10

---

❶ (2019)京行终3913号。

月25日作出商评字〔2016〕第89303号《关于第3603887号"MKMICHAELKORS"无效宣告请求裁定书》,裁定诉争商标予以维持。

建发工艺厂不服被控裁定,在法定期限内向北京知识产权法院提起行政诉讼。

北京知识产权法院认为,虽然诉争商标完整包含了引证商标,但诉争商标中还包含了能够起到显著识别的"MICHAELKORS",考虑到迈克寇斯公司经过对诉争商标的大量宣传使用,相关公众已将诉争商标与迈克寇斯公司之间建立了较为紧密的联系,相关公众施以一般注意力能够将二者相区分,故二者不构成近似标志。

建发工艺厂不服一审判决,向北京市高级人民法院提起上诉。

北京市高级人民法院经审理认为,判断是否构成商标法的混淆误认,应当综合考量商标标志的近似程度、商品的类似程度、请求保护商标的显著性和知名程度、相关公众的注意程度及其他因素予以认定是否容易导致混淆。

认定商标是否近似,既要考虑商标标志构成要素及其整体的近似程度,也要考虑相关商标的显著性和知名度、所使用商品的关联程度等因素,以是否容易导致混淆作为判断标准。本案中,诉争商标由"MKMICHAELKORS"组成,引证商标由"MK"组成,虽二者均含有字母"MK",但诉争商标中亦含有其他字母,且其他字母在诉争商标中所占的比例更大。诉争商标与引证商标在文字构成、整体视觉效果等方面存在不同,不构成近似商标。诉争商标经迈克寇斯公司的宣传和使用具有一定的知名度,与迈克寇斯公司之间已经形成联系。诉争商标与引证商标共存于市场,不会导致相关公众的混淆误认。

在拉科斯特股份有限公司诉鳄鱼国际公司等侵害商标权纠纷案❶中，拉科斯特股份有限公司于1980年至1999年，在中国大陆注册了"鳄鱼图形"与"鳄鱼图形+LACOSTE"商标，1993年，其与鳄鱼国际公司在中国大陆申请注册"CARTELO及鳄鱼图形"商标，这两个商标均是图文结合的商标，其中具有显著性的应当是"鳄鱼图形"部分，但商标标识部分具有很大程度的近似性；再加上所使用的商品种类相同或者近似，撇开混淆性因素，可以认为为相同或者类似商品及近似商标。但因为在实际的市场中并不容易导致相关公众混淆，最高人民法院最终没有认定二者为近似商标。最高人民法院的理由是：由于鳄鱼国际公司进入中国大陆市场后使用相关商标，主要是对其已有商标的沿用。且从相关国际市场看，双方诉争标识在亚洲部分国家和地区已经长期形成共存和使用的国际市场格局；从诉争标识在中国大陆市场的共存和使用情况看，两者在中国大陆市场内已经拥有各自的相关公众，在市场上均已形成客观的划分，已成为可区别的标识，故双方之间的诉争商标在相关市场中均具有特殊的形成历史和发展历程，有特殊的使用和共存状态。考虑到两者各自形成和发展的历史、相互之间的共存过程和使用现状及鳄鱼国际公司的主观意图等因素，认定两者不构成侵权意义上的混淆性近似，鳄鱼国际公司不构成商标侵权。

---

❶ （2009）民三终字第3号。

第四章 侵害商标权的抗辩事由

据前文所述,在依次认定商标性使用、同一种或类似商品或者服务、相同或近似商标及足以让相关公众产生混淆等因素情况下,若被控侵权人具有合理的抗辩事由,也可能不构成侵权或者即便构成侵权也无须承担赔偿责任。

在侵害商标权纠纷案件的审理中,被控侵权人往往提出各种抗辩事由,以证明自己并不构成侵害商标权或者不应当承担赔偿责任。司法实务当中,被控侵权人主张较多的抗辩事由一般为不属于商标性使用、不属于同一种与类似商品或者服务、不属于相同或者近似商标、不足以让相关公众产生混淆等事由,这些抗辩事由在前文中已经详细叙述,不再赘述。本章所述抗辩事由主要是《商标法》第五十九条、第六十四条所涉及的正当使用、在先使用及合法来源。

第一节 正当使用

正当使用抗辩的法律依据是《商标法》第五十九条第一款"注册商标中含有的本商品的通用名称、图形、型号,或者直接表示商品的质量、主要原料、功能、用途、重量、数量及其他特点,或者含有的地名,注册商标专用权人无权禁止他人正当使用";以及第二款"三维标志注册商标中含有的商品自身的性质产生的形状、为获得技术效果而需有的商品形状或者使商品具有实质性价值的形状,注册商标专用权人无权禁止他人正当使用。"

一、通用名称的正当使用

通用名称是指生产经营者或者消费者普遍用于称呼某一商品、服务或者其他对象的名称,包括全称、简称、缩写、俗称等。通用名称包括法定通用名称和约定俗成的通用名称,其中约定俗成通用名称是指在某一区域内相关公众认为某一名称能够指代某一种商品或服务。当商标注册申请人把通用名称注册为商标或者商标权人的注册商标淡化为通用名称的,在没有超过正当、合理使用限度的范围时,商标权人无权禁止他人正当使用。

例如,新兴县鲜仙乐凉果实业有限公司(以下简称"鲜仙乐公司")与广东佳宝集团有限公司(以下简称"佳宝公司")侵害商标权及不正当竞争纠纷案[1]中,广东省高级人民法院认为,虽然"九制"已被佳宝公司注册为商标,但是"九制陈皮"本身是经过复杂工艺腌制而成的陈皮类商品,其在佳宝公司申请注册前就已经成为通用名称。即便佳宝公司对"九制陈皮"的研发有着突出的贡献,亦不能垄断该词语的使用。鲜仙乐公司在商品通用名称的含义上使用"九制陈皮"字样,并且同时规范使用自己的"鲜仙乐"注册商

---

[1] (2019)粤民终1861号。

标,不会造成消费者对商品来源的混淆误认。鲜仙乐公司的使用没有超出正当、合理的限度,故不宜认定其构成商标侵权。

该案的基本案情是:1983年,杨某林创办潮州市庵埠佳味食品厂。1994年6月28日,杨某林组建成立佳宝公司,并担任该公司的董事长、工程师。佳宝公司经商标局核准取得第8965529号"九制"文字注册商标,核定使用商品为第29类葡萄干、蜜饯、果肉、橄榄蜜饯、果皮、水果片、酸果酱(蜜饯)、糖玫瑰、柿饼、百合干、柑饼、陈皮梅、话梅、干荔枝、山楂片、干枣。该商标注册有效期限自2012年1月28日至2022年1月27日。佳宝公司的"九制陈皮"产品系杨某林于1985年研制的化果皮类凉果,属于广东省潮汕地区的特色食品。佳宝公司经过多年经营和对"九制陈皮"产品进行广告宣传及市场推广,使该产品拥有较高的市场知名度。2012年12月28日,杨某林就"九制陈皮"的外包装设计向国家知识产权局申请了外观设计专利,于2013年4月10日获得包装袋(九制陈皮)的外观设计专利授权,该外包装设计使用于佳宝公司的"九制陈皮"产品包装上。

2016年1月13日,杨某林因发现其"包装袋(九制陈皮)"外观设计专利被鲜仙乐公司侵权,向云浮市知识产权局投诉请求处理。2016年1月19日,云浮市知识产权局执法人员到鲜仙乐公司进行了现场勘验,发现规格型号为"35克袋装"的被控侵权产品。

2017年4月27日,在公证人员的监督下,吴某华以普通消费者的身份在该店铺购买了"鲜仙乐九制陈皮"10包,现场付款人民币15元,并取得销售小票及发票各一张。

2018年1月25日,在公证人员的监督下,陈某以普通消费者的身份在荣盛超市购买了"鲜仙乐"牌九制陈皮4小包,并从该超市取得收据购货单一份。

2018年6月8日,广东省汕头市粤东公证处出具了(2018)粤汕粤东第4803号公证书,证实上述证据保全过程。鲜仙乐公司网站中的产品展示页面显示,鲜仙乐公司生产销售的产品中有"鲜仙乐九制陈皮70g""鲜仙乐九制榄150g""鲜仙乐九制陈皮35g""鲜仙乐九制香榄400g""鲜仙乐九制香榄205g""鲜仙乐九制榄120g"等产品。

在审理过程中,一审法院将前述经公证封存的被控侵权商品实物予以拆封查验,鲜仙乐公司确认该商品实物是其生产的产品。将被控侵权商品实物与佳宝公司的产品实物外包装进行比对:佳宝公司的产品实物与被控侵权商品实物均为腌制食品陈皮;两者的包装袋均为近似于平面设计的塑料包装袋,包装袋的四边均为银色边框,包装袋的整体形状均为竖向的长方形,均有正反两面,比例略有不同;两者的主体图案均为在黑色背景底色的基础上,正反面上半部的白色长方框中均标注商品名称"九制陈皮"文字,呈纵向排列,字体较大,颜色为黑色,比较醒目,包装袋下半部均为堆叠的柑桔图案。被控侵权商品的包装袋与佳宝公司的产品包装袋的图案整体风格、图案布局及颜色等主要设计元素基本相同,两者的产品外包装构成实质性近似。

鲜仙乐公司于2000年4月30日成立,其经营范围包括蜜饯生产、销售,糖果制品(糖果)、炒货食品及坚果制品(烘炒类)、水产加工品(干制水产品)分装销售,批发兼零售预包装食品(干果、坚果、肉类熟食制品、糖果蜜饯、罐头、腌制品)。

佳宝公司在二审庭审中明确，其主张的有一定影响的商品名称是指"九制陈皮"，有一定影响的包装、装潢是指专利授权图片中所拍摄的那款产品包装袋上所展示的包装、装潢。

佳宝公司是将"九制"作为商品名称使用，同时百度百科的"九制陈皮"词条称"九制陈皮是潮汕地区的传统名吃之一，属于凉果食品，全称广式九制陈皮，有别于苏州的苏式陈皮。九制陈皮采用优良的柑橘皮为原料，经过拣皮、浸漂、保鲜、切皮、腌制、沥干、调料、反复晒制、储存、包装等多个工序，始成正式产品。因工艺繁杂严谨，故称之'九制'……产地为广东潮州，制造商为佳宝公司"。

广东省高级人民法院认为，我国商标法所规定的正当使用抗辩成立，应当包含以下两方面。其一，注册商标包含本商品的通用名称、图形、型号，或者直接表示商品质量、主要原料、功能、用途、重量、数量及其他特点，或者地名等描述性含义。其二，他人的使用行为具有正当性。依据法律规定或者国家标准、行业标准属于商品通用名称的，应当认定为通用名称。相关公众普遍认为某一名称能够指代一类商品的，应当认定为约定俗成的通用名称。根据鲜仙乐公司向本院提交的证据，可证明"九制陈皮"早在2006年已被国家标准规定为某类商品的通用名称。在当地政府机构、新闻媒体和相关公众的普遍认知中，"九制陈皮"已成为某类商品的通用名称，且佳宝公司在大量场合将"九制陈皮"作为商品通用名称而非商标进行使用，"九制"是作为商品名称使用的陈述，反映了佳宝公司在商业经营中对于"九制陈皮"的定位。

"九制陈皮"作为本类商品的通用名称，其不得被任何人垄断，否则其他生产者就不能清楚描述自己的商品，无法正常地参与市场竞争。但是，其他生产者对于"九制陈皮"的使用应当以正当为限。依据在案证据，本院认为鲜仙乐公司的使用没有超出正当的界限。

佳宝公司提出再审申请，最高人民法院认为，鲜仙乐公司在被控侵权产品包装正面左上方的显著位置完整标注了"鲜仙乐"图文商标，附加了标识，同时商标下方标注了醒目的"XianXianLe"。鲜仙乐公司的名称也标注在包装正面下方易于识别的位置。"九制陈皮"标识位于包装袋正面及背面，包装袋背面亦标注了"品名：九制陈皮（广式凉果）"。由此可见，鲜仙乐公司将"九制陈皮"作为商品名称使用，属于《商标法》第五十九条第一款规定的正当使用。因此，驳回佳宝公司的再审申请。

二、地理标志的正当使用

地理标志是标示某商品来源于某地区，并且该商品的特定质量、信誉或其他特征主要由该地区的气候、地质、土壤及品种等自然因素和与之相适应的生产技术、加工工艺等人为因素所决定的。地理标志类商标是将在一定范围内的公用资源纳入商标专用权的范围，故在确定地理标志类商标专用权的保护范围时，应当充分考虑公共利益和商标权利的平衡，将地理标志类商标专用权与禁用权范围限定于"具体地名+产品通用名称"的组合使用方式。如果被控侵权人提供的证据能够证明其商品或服务确实来源于地理标志所标识的区域，具备特定品质，且未使用地理标志中的特有图案，不会导致相关公众对商品的原产地等特定品质产生误认的，则应当认定该使用系对特定地名的正当使用，不构成侵害商标权。例如，在上诉人阿克苏地区苹果协会因与被上诉人西宁城北宋氏水果商行（以下简称"宋氏水果商行"）侵害商标权纠纷案❶中，青海省高级人民法院认为，本案涉案商标系地理标志证明商标，即证明苹果产地为新疆维吾尔自治区阿克苏地区，且商品的特定品质主要由阿克苏地区的自然因素所决定。宋氏水果商行虽没有向阿克苏地区苹果协会提出使用该证明商标的要求，但阿克苏地区苹果协会作为该商标的注册人，不能剥夺商品确产于阿克苏地区的自然人、法人或者其他组织正当使用该证明商标中地名的权利。

该案的基本案情是：阿克苏地区苹果协会是第5918994号地理标志证明商标的注册人，该商标由空心苹果、山脉图形与汉字"阿克苏苹果"、汉语拼音缩写"AKSU"、英文"AKESUAPPLE"叠加组成，核定使用商品为第31类苹果，目前尚在注册有效期限之内。

2019年11月28日，阿克苏地区苹果协会委托高某元、王某花费80元在青海省西宁市城北区青藏高原农副产品集散中心的"宋氏果业"经营场所购买苹果一箱，将购买过程及购买的苹果包装箱内外进行了拍照、录像，并将取证过程进行了公证。高某元、王某所购苹果箱整体为红色，箱体上部为较大的黄色"冰糖心"字样及苹果图案；箱体正面左上角同样是较大的黄色"冰糖心"字样，该字样下方为分两排竖写的"新疆特色产品"和更大的黑色"阿克苏苹果"字样，箱体正面右部主要是一个完整及半个切开的苹果图

---

❶（2020）青知民终18号。

案,苹果下方为"新疆阿克苏冰糖心富士基地出品"字样;箱体一侧上方为较大的"阿克苏"及较小的"冰糖心"字样,下方为介绍阿克苏苹果特点的文字,另一侧上方是同样大小的"阿克苏冰糖心"字样,下方左侧为竖排的"阿克苏冰糖心苹果"及"来自新疆味儿",右侧主要为一个完整及半个切开的苹果图案;包装箱里层白色箱盖印有"宏运彩印包装"字样;箱内整齐摆放苹果,单个苹果包装纸上张贴红色苹果形状小贴纸一张,中间为蓝色"冰糖心"字样,上方为白色"阿克苏"字样。

2019年11月25日,阿克苏地区苹果协会就青藏高原农副产品集散中心水果经销商涉嫌侵害商标权的行为向城北区市场监督局举报。同年11月28日,城北区市场监督局回复称青藏高原农副产品集散中心销售商销售"阿克苏苹果"无侵权行为。随后,阿克苏地区苹果协会向西宁市市场监督局申请复议,要求撤销该回复函,重新作出认定销售商构成侵权并处罚的回复。2020年3月3日,西宁市市场监督局作出行政复议决定,认为青藏高原农副产品集散中心经销户销售的阿克苏苹果包装箱使用的文字为"阿克苏冰糖心""阿克苏特产""阿克苏冰糖心苹果"等字样,旨在证明、宣传苹果的产地为阿克苏地区,为商品产地的地名,未使用阿克苏地区苹果协会注册的商标,不足以使公众误认为阿克苏地区苹果协会指定地区的产品;城北区市场监督局的现有证据能够初步证明经销商销售的苹果来自于阿克苏地区,回复函认定事实清楚,证据确凿,决定维持,并告知如不服复议决定,可在15日内提起行政诉讼。阿克苏地区苹果协会未提起行政诉讼。

庭审中,宋氏水果商行提交了阿克苏地区温宿县志峰林果专业合作社的营业执照、该合作社出具的委托书、农产品产地证明、从温宿县运输苹果的运输协议、运输保险保单、购买包装箱的出库单等,用以证明其销售的涉案苹果来自于阿克苏地区温宿县志峰林果专业合作社。阿克苏地区苹果协会不认可宋氏水果商行的辩称,并认为合作社无权授权宋氏水果商行销售,委托书是为逃避责任事后串通制作,应提交购销合同;不认可运输协议及保单的真实性;购买包装箱的出库单属实,但与本案无关;果农出具的产地证明无效,应由当地人民政府出具。因宋氏水果商行提交的证据均出示了原件,运输保险保单中的货物名称、货车号码、时间、起运地、目的地等内容与运输协议可以相互印证,包装箱出库单中的生产厂家"阿克苏宏运彩印包装有限公司"的名称与宋氏水果商行销售的苹果包装箱里层箱盖的印刷公司也可相互印证,又有位于阿克苏地区的专业合作社出具的产地证明和销售委托书,可以认定宋氏水果商行提交证据的真实性。同时,因阿克苏地区苹果协会申请注册的是地理证明商标,应该对产于阿克苏地区的苹果及特定品质具备监督能力,而其对宋氏水果商行的陈述及证据无反驳证据,也未提交宋氏水果商行销售的涉案苹果不具备阿克苏苹果特定品质的证据,所以应认定宋氏水果商行销售的涉案苹果来自于阿克苏地区的温宿县志峰林果专业合作社。

  青海省高级人民法院认为,《商标法》第五十九条第一款规定,"注册商标中含有的本商品的通用名称、图形、型号,或者直接表示商品的质量、主要原料、功能、用途、重量、数量及其他特点,或者含有的地名,注册商标专用权人无权禁止他人正当使用"。本案中,宋氏水果商行销售的涉案苹果来自于阿克苏地区,其既没有在不是苹果的商品上标注"苹果",也没有在来自其他地区的苹果上标注"阿克苏苹果",应当认定为符合上述法律规定的"正当使用"。而且宋氏水果商行购买的包装箱的整体颜色、包装箱上的字体等都与阿克苏地区苹果协会注册的地理标志证明商标的产品差异很大,且没有阿克苏地区苹果协会注册的地理标志证明商标标识,不足以导致相关公众的混淆和误认。

本案涉案商标系地理标志证明商标,即证明苹果产地为新疆维吾尔自治区阿克苏地区,且商品的特定品质主要由阿克苏地区的自然因素所决定。宋氏水果商行虽没有向阿克苏地区苹果协会提出使用该证明商标的要求,但阿克苏地区苹果协会作为该商标的注册人,不能剥夺商品确产于阿克苏地区的自然人、法人或者其他组织正当使用该证明商标中地名的权利。阿克苏地区苹果协会对商品并非产于阿克苏地区的自然人、法人或者其他组织在商品上标注该商标的有权禁止并依法追究其侵犯证明商标权利的责任。本案中,宋氏水果商行销售的涉案苹果确实产自阿克苏地区,因此,阿克苏地区苹果协会不能剥夺宋氏水果商行销售的苹果用"阿克苏苹果""阿克苏"来标识苹果产地的权利。

第二节　先用权抗辩

先用权抗辩的法律依据是《商标法》第五十九条第三款,即商标注册人申请商标注册前,他人已经在同一种商品或服务或者类似商品或服务上先于商标注册人使用与注册商标相同或者近似并有一定影响的商标的,商标权人无权禁止该使用人在原使用范围内继续使用该商标，但可以要求其附加适当区别标识。

先用权抗辩的适用要件主要包括：①他人在注册商标申请日之前存在在先使用商标的行为；②该在先使用行为原则上应当早于商标注册人对商标的使用行为，且为善意；③该在先使用的商标应具有一定影响，使用人对其商标的使用确系真实使用，且经过使用已使得商标在使用地域内起到识别作用；④被控侵权行为系他人在原有范围内的使用行为。

先用权抗辩制度的主要目的是保护那些已经在市场上具有一定影响但未注册的商标所有人的权益。例如，原杭州张小泉剪刀厂与上海张小泉刀剪总店（以下简称"刀剪总店"）、上海张小泉刀剪制造有限公司（以下简称"刀剪公司"）侵害商标权纠纷❶中，上海市高级人民法院认为，由于刀剪总店的"张小泉"字号的取得远远早于上诉人（即刀剪公司）张小泉文字与剪刀图形组合的张小泉牌（以下简称"张小泉牌"）注册商标及驰名商标的取得，也远远早于上诉人"张小泉"注册商标的取得。因此，根据保护在先权利的原则，上诉人不能以在后取得的注册商标及驰名商标禁止在先取得的字号的继续使用，故被上诉人刀剪总店在企业名称中使用"张小泉"文字不构成对上诉人"张小泉"及"张小泉牌"注册商标及驰名商标的侵犯。

该案的基本案情是：杭州张小泉剪刀厂于1964年8月1日经注册取得"张小泉牌"注册商标，核定使用商品为日用剪刀，注册号为46474。1981年5月1日，杭州张小泉剪刀厂经注册，取得

---

❶ （2004）沪高民三（知）终字第27号。

"张小泉牌"注册商标，核定使用商品为第20类剪刀，注册号为129501。1991年2月28日，杭州张小泉剪刀厂经核准注册"张小泉"文字商标，核定使用商品为第8类（包括剪刀和日用刀具等），注册号为544568。1997年5月7日，上述两商标均转为国际分类，核定使用商品为第8类（包括刀剪等）。1997年4月9日，杭州张小泉剪刀厂的"张小泉牌"注册商标被商标局认定为驰名商标。

刀剪总店成立于1956年1月6日，开业之初名称是上海张小泉刀剪商店，1982年、1988年、1993年先后变更为张小泉刀剪商店、张小泉刀剪总店、上海张小泉刀剪总店。被告刀剪总店在开业之初及1993年以后，在产品及外包装上突出使用"上海张小泉"字样，而在变更企业名称（1982—1993）之前，在产品及外包装上突出使用"张小泉"字样。1987年1月30日，被告"刀剪总店"经核准注册"泉字牌"商标。1993年10月，国内贸易部授予被告"刀剪总店"为中华老字号。

刀剪公司成立于1998年5月21日，由刀剪总店（占股本90%）与他人共同投资开办。

《法制日报》刊登了一名北京读者的来信，来信反映其对"刀剪总店"的剪刀产品与杭州张小泉剪刀厂的剪刀产品产生误认。

上海市档案馆资料记载：1950年，上海数十家上海张小泉剪刀商店签订同牌同记联名具结书，内容主要是"张小泉牌号沿用已久，难以更改，共同使用，加记号以为识别，永无争议"。

"张小泉牌"注册商标被认定为驰名商标后，杭州张小泉剪刀厂曾向上海市黄浦区工商行政管理局申请撤销刀剪总店的企业名称，但未获准许。1998年10月14日，杭州张小泉剪刀厂再次向黄浦区工商行政管理局提出上述请求，黄浦区工商行政管理局回复称"该企业于1956年就称'张小泉刀剪店'，在驰名商标认定之前就已经登记注册，历史悠久，根据这一事实，还需各方面进一步协调"。

杭州张小泉剪刀厂于2000年12月27日因企业改制，更名为杭州张小泉集团有限公司（以下简称"杭州张小泉公司"）。

一审法院认为，杭州张小泉公司于1964年注册"张小泉牌"商标，刀剪总店的企业名称于1956年登记，杭州张小泉公司的注册商标与刀剪总店的企业名称的使用时间均达数十年之久。由于杭州张小泉公司注册商标的取得晚于刀剪总店企业名称的使用，因此，根据保护在先权利的原则，刀剪总店的企业名称不构成对杭州张小泉公司注册商标的侵犯。同样，根据诚实信用和保护在先权利的原则，杭州张小泉公司不能以在后取得的驰名商标对抗刀剪总店使用在先的企业名称，故刀剪总店的企业名称不构成对杭州张小泉公司驰名商标的侵害。

杭州张小泉公司不服一审判决，向上海市高级人民法院提起上诉。

上海市高级人民法院认为，由于刀剪总店的"张小泉"字号的取得远远早于杭州张小泉公司"张小泉牌"注册商标及驰名商标的取得，也远远早于杭州张小泉公司"张小泉"注册商标的取得。因此，根据保护在先权利的原则，杭州张小泉公司不能以在后取得的注册商标及驰名商标禁止在先取得的字号的继续使用，故刀剪总店在企业名称中使用"张小泉"文字不构成对杭州张小泉公司"张小泉"及"张小泉牌"注册商标及驰名商标的侵犯。然而，随着我国法律制度的不断完善和市场经济的逐步发展，企业名称的简化使用应当进一步规范。因此，为避免相关公众对杭州张小泉公司与刀剪总店的产品产生误认，保证杭州张小泉公司的注册商标与刀剪总店的企业名称都能在市场上正当合法地使用，今后刀剪总店应在商品、服务上规范使用其经核准登记的企业名称。同时为规范市场秩序，刀剪总店、刀剪公司今后在企业发展过程中，应当充分尊重杭州张小泉公司的注册商标和驰名商标，不得在企业转让、投资等行为中再扩展使用其"张小泉"字号，刀剪总店对刀剪公司不持有股份时，刀剪公司不得在企业名称中再使用"张小泉"文字。

第三节　合法来源抗辩

合法来源抗辩的法律依据是《商标法》第六十四条第二款，即销售不知道是侵犯注册商标专用权的商品，能证明该商品是自己合法取得并说明提供者的，不承担赔偿责任。

在侵害商标权纠纷案件的审理中，被控侵权人对于其所销售的商品制造者的身份负有披露义务。在被控侵权人身份不明（是制造商还是销售商）时，且其拒不提供商品来源信息的，可以认定其为制造商，由其承担制造商的法律责任。此时作为被控侵权的销售商通常会依据《商标法》第六十四条第二款的规定主张合法来源抗辩，如果被控侵权的销售商提出的合法来源抗辩成立，其销售行为仍构成侵害商标权，但不需要承担赔偿责任。

根据"谁主张谁举证"的民事证据规则，商标权人主张被控侵权人销售了侵权商品，应当对被控侵权人所销售的商品系"侵权商品"负有举证责任，即商标权人需对侵权商品与正品之间的区别作出合理说明，此时证明不是侵权商品或者不知道是侵权商品的证明责任则转移给被控侵权人。如果被控侵权人提供的相反证据能够初步证明其所销售的商品并非侵权商品，或者提供合理证据证明其不知道所销售的商品是侵权商品的，则商标权人应当对被控侵权商品的真伪进一步举证证明，如果商标权人无法进一步举证证明，则应当由其承担举证不能的法律后果。

作为被控侵权的销售商在主张合法来源抗辩时，需要对"不知道是侵权商品"和"商品合法来源"承担证明责任。

一、不知道是侵权商品的判定

对被控侵权的销售商"不知道是侵权商品"的认定，应当考虑商标权人商标的知名度、销售商的认知能力、商品的进货价格和进货渠道、商品本身的属性及外部反映的信息等因素，同时根据销售商的经营规模、专业程度、市场交易习惯等判定销售商是否尽到合理审查注意义务。

商标知名度越高的商品，在市场上影响力的范围及程度就越大，销售商对该商标及商品的了解也越多，其审查注意义务相应越高。对认知能力的判断一般以正常人施以谨慎的注意力为标准，而不以具体个体判断能力的强弱进行确定。一般情况下，大型的超市、商场、购物中心、百货商店等的认知能力高于中小型销售商；专业经销特定种类商品的销售商的认知能力高于经营各种类型商品的销售商；长期从事某行业的销售商的认知能力高于经营时间较短的销售商。对于认知能力强的销售商，应当赋予其更高的审查注意义务。商品的进货价格明显低于同类商品的正常市场价格，则销售商应当负有更高的审查注意义务，其应当对供货商的相关资质进行审查，包括供货商的生产经营执照、是否有商标注册证书或经授权的合法经销资质等。如果商品系从非正规市场或者从小商、小摊贩处购得，则从侧面可以推定销售商应当知道该商品难以保证为正品。商品本身的属性是区分普通商品和特殊商品的重要特征。医药保健品等商品，因涉及人身健康和生命安全，销售商应当负有更为严格的注意义务。商品外部反映的信息是确认该商品是否属于"三无产品"的重要信息。"三无产品"一般是指无生产日期、无质量合格证及无生产厂家、来路不明的产品。对于"三无产品"，销售商更需严格审查，否则其合法来源抗辩很难成立。

具有如下情形之一的，通常被认为被控侵权的销售商知道其所销售的商品属于侵犯注册商标专用权的商品。①进货渠道不符合商业惯例，且价格明显低于市场价格的；②拒不提供账目、销售记录等会计凭证，或者会计凭证弄虚作假的；③案发后转移、销毁物证，或者提供虚假证明、虚假情况的；④类似违法情形受到处理后再犯的；⑤其他可以认定当事人明知或者应知的。

在上诉人天津市顺康药业连锁有限公司（以下简称"顺康药业公司"）、天津市顺康药业连锁有限公司第十店（以下简称"顺康药业连锁第十店"）因与被上诉人完美（中国）有限公司（以下简称"完美公司"）侵害商标权纠纷案❶中，天津市高级人民法院认为，

---

❶ （2020）津民终379号。

合法来源抗辩制度的设立，系为促进商品流通，降低交易成本，便于锁定权利人、追诉真正的侵权人，同时在一定程度上实现对善意销售者的保护。成立合法来源抗辩需要满足两个条件，一是销售者能够证明被控侵权商品是其合法取得并说明提供者，二是销售者主观上不知道其销售的商品侵犯了他人的注册商标专用权，二者缺一不可。本案中，顺康药业公司、顺康药业连锁第十店、天津市顺宏盛堂大药房（以下简称"顺宏药房"）均系以药品销售为主营业务的市场经营者，其不仅应遵循相关的行业规范、从正规渠道合法进货，也应尊重他人知识产权、避免销售假冒商品，同时相较于普通消费者，其作为专业的药品经营者，对所经营产品的真伪具有一定的辨识能力，并对是否侵犯他人注册商标专用权负有更高的注意义务。顺康药业连锁第十店在向顺宏药房调货过程中和对于发生在其经营场所内的交易行为所涉商品，并没有做应有的审查；顺宏药房购进被控侵权商品"完美芦荟胶"时，也未尽到索证索票和查验质量安全证明文件等义务，二者主观上均存在过错。同时，考虑完美公司的芦荟胶商品在相关市场的知名度、正品销售价格，以及被控侵权商品的进货途径、进货价格等因素，可以认定顺康药业连锁第十店对所售商品未尽合理、审慎的审查注意义务。

合法来源抗辩的成立要求销售者"不知道"其所售商品为侵害他人注册商标专用权的商品，即销售者对于进货渠道和商品负有一定的审查、注意义务，以确保商品进货渠道合法正规、商品无质量瑕疵和权利瑕疵，此既是保证商品质量的重要方式，也是对销售者自身合法权益的维护。上述义务是一项积极作为的义务，经营者不能以消极不作为的方式规避或怠于履行相关义务，并以此为由辩称

"不知道"所售商品为侵权商品。经营者该项审查、注意义务的程度与其自身的资质及所售商品类别、商品知名度等因素直接相关。

销售商提供的被控侵权商品来源证据与其合理审查注意义务程度相当的,可以认定其不知道被控侵权商品侵害他人商标权。同时,对于销售商收到过商标权人的侵权警告函后仍继续销售,或者曾因销售相同商品被法院或行政机关予以处理过,销售商先后或同时经销正品和侵权商品的,且正品与侵权商品在价格等方面差异较大等情形的,视为销售明知其所销售的商品是侵权商品。

二、商品合法来源地判定

被控侵权的销售商主张其所销售的商品具有合法来源的可根据如下因素进行判断:①有供货单位合法签章的供货清单和货款收据且经查证属实或者供货单位认可的;②有供销双方签订的进货合同且经查证已真实履行的;③有合法进货发票且发票记载事项与涉案商品对应的;④主动提供供货商的名称、经营地址、联系方式等准确信息或者线索,但对于因被控侵权人提供虚假或者无法核实的信息导致不能找到提供者的,不视为"说明提供者"。

《最高人民法院关于知识产权民事诉讼证据的若干规定》第四条则进一步明确了"合法来源抗辩"的举证要求。该条规定,被控侵权的销售商依法主张合法来源抗辩的,应当举证证明合法取得被控侵权产品、复制品的事实,包括合法的购货渠道、合理的价格和直接的供货方等。被控侵权的销售商提供的被控侵权产品、复制品来源证据与其合理注意义务程度相当的,可以认定其完成前款所称举证,并推定其不知道被控侵权产品、复制品侵害知识产权。被告的经营规模、专业程度、市场交易习惯等,可以作为确定其合理注意义务的证据。例如,在上诉人江苏雪豹日化有限公司(以下简称"雪豹公司")因与被上诉人珲春市春媛食品超市(以下简称"春媛超市")侵害商标权纠纷案❶中,吉林省高级人民法院认为,春媛超市提供了案涉侵权商品的供货凭证,证明其所售商品具有合法来源,并说明了商品的提供者,因此应免除春媛超市的经济赔偿责任。

该案的基本案情是:雪豹公司为第1086885号"雪豹"文字商标注册人,该商标于1997年8月28日经商标局核准注册,核定使用商品为第3类(香皂、洗涤剂、洗发剂、去渍剂、除垢剂、皮革保护剂、上光剂、鞋油鞋蜡、汽车上光蜡、砂纸、香料、化妆品、爽身粉、润肤膏、牙膏、洗牙用制剂、熏料、动物化妆品),后该商标注册有效期核准续展至2027年8月27日。雪豹公司为第1904832号"手榴弹"文字商标注册人,该商标于2002年11月7日经商标局核准注册,核定使用商品为第3类(动物用化妆品、芬芳袋、化妆品、去油剂、香料、香皂、鞋油、牙膏、研磨剂等),后该商标注册有效期核准续展至2022年11月6日。吉林省珲春市公证处于2019年8月22日作出(2019)吉延珲证内经字第1157号《公证书》,主要内容为,2019年8月19日,雪豹公司委托代理人N某某申请吉林省珲春市公证处保全证据。次日,N某某与珲春市公证处公证员L某某、公证员助理Z某某来到春媛超市,N某某

---

❶ (2020)吉民终61号。

以普通消费者身份购买了"雪豹手榴弹厨房重油污净"一套,价格为15元,商店为其出具了收据一张,公证人员对现场状况及所购物品、收据进行了拍照,之后公证人员将商品和收据封存在公证处文件袋内,由N某某带回保管。经雪豹公司鉴别,N某某在春媛超市购买的"雪豹手榴弹厨房重油污净"商品与雪豹公司生产的"雪豹手榴弹厨房重油污净"商品规格一致,包装外形一致,包装所载商品生产厂家、地址、产品说明等商品信息完全一致,但在喷口和扳手设计上存在差别。春媛超市所销售商品喷口尺寸小,而雪豹公司生产商品喷口尺寸较大;春媛超市所销售商品扳机中部呈"Z"形,而雪豹公司生产商品扳机中部呈直线型。春媛超市所售"雪豹手榴弹厨房重油污净"商品系珲春市心海食品自选商店以"海洋百货"名义供货,春媛超市的进货价格为115元每箱(每箱含10组产品),销售价格为每组15元。雪豹公司授权的合法经销商销售该商品批发价一般为120元每箱,零售价格一般为20~25元。

吉林省高级人民法院认为,春媛超市作为最底端零售商,其一般交易习惯多为少量进货、薄利多销、快进快出,通常不以签订合同为主要营销模式,经常不索要正式发票和付款凭证,也没有保留该凭证的习惯。现春媛超市提供了案涉侵权商品的供货凭证证明其商品具有合法来源,并说明了商品的提供者,尽到了应尽的举证义务。

三、合法来源的抗辩主体

《商标法》第六十四条第二款规定了侵害商标权合法来源的抗

辩依据，似乎并未明确合法来源的抗辩主体。一种意见认为，合法来源的抗辩主体包括被控侵权商品的销售者，也包括被控侵权服务的提供者。理由是，依据《商标法》第四条"本法有关商品商标的规定，适用于服务商标"的规定，再根据《商标法》第六十四条第二款的规定，只要能够证明自己提供的服务系他人提供并说明提供者的，也不需要承担赔偿责任。另一种意见认为，《商标法》第六十四条第二款的规定不适用《商标法》第四条第二款关于"本法有关商品商标的规定，适用于服务商标"的规定。一方面，从《商标法》第六十四条第二款"能证明该商品是自己合法取得并说明提供者的"的语言表述来看，已经排除了适用于服务商标的规定，服务提供者的"含义"类同于商品的制造者，而《商标法》第六十四条第二款所规定的合法来源抗辩的本意就不包含商品的制造者，而仅指商品的销售者。另一方面，对于商品的销售者来说，其商品的"提供者"就是商品的制造者，而对于服务的提供者来说，其"提供者"是其自身，故服务提供者本身就具有"合法来源"的理由，更谈不上抗辩了。

第二种意见更接近立法本意，也更具合理性。司法实践中也认为，"合法来源抗辩"的适格主体仅限于被控侵权的商品销售者，不适用于服务提供者。例如，在上诉人上海弘奇永和餐饮管理有限公司与被上诉人银川市兴庆区来来永和豆浆店（以下简称"兴庆豆浆店"）、安徽昊宇餐饮管理有限公司（以下简称"昊宇公司"）商标权权属侵权纠纷案[1]中，宁夏回族自治区高级人民法院认为，兴

---

[1]（2017）宁民终232号。

庆豆浆店提供的是餐饮服务，服务内容包括堂食和外带，其在店招、装饰、餐具、点餐单及外带包装袋上使用商标是为了表明服务的来源，使消费者在消费时通过标识知晓为其提供服务的服务者，属于服务商标的使用方式，兴庆豆浆店并非是销售他人商品的销售者，因此兴庆豆浆店不符合"合法来源"抗辩的适用主体。

该案的基本案情是：2012—2014年，案外人永和食品（中国）有限公司先后取得了商标局颁发的第4033258号、第5344572号、第9862735号商标注册证，获得了"永和豆浆"商标专用权，核定使用商品、服务项目为第43类餐馆、自助餐馆、餐厅、茶馆、酒吧、柜台出租、咖啡馆、流动饮食供应、饭店、出租椅子、桌子、桌布和玻璃器皿。2014年4月7日，案外人永和食品（中国）有限公司向上海弘奇永和餐饮管理有限公司出具授权委托书，授权上海弘奇永和餐饮管理有限公司独占使用上述商标，授权时间自该日起至2024年4月6日。

兴庆豆浆店系登记在银川市工商行政管理局兴庆一分局的个体工商户，经营范围为餐饮服务。2002年11月，案外人邓某日取得了商标局颁发的第1962363号商标注册证，取得"来来永和"商标专用权，核定使用商品为第30类包子、豆粉、豆浆、方便米饭、汉堡包、夹心面包、三明治、面粉制品、甜食、粥、粽子，后该商标续展注册至2022年11月。邓某日于2014年9月16日独占授权案外人合肥思博睿健康服务有限公司全权使用该商标，授权有效期至2015年9月16日。合肥思博睿健康服务有限公司于2014年10月书面将"来来永和"商标授权昊宇公司使用，许可昊宇公司再授权给他人，授权期至2016年6月17日。2015年6月16日，昊宇公司与兴庆豆浆店的经营者邱某乐签订合作协议书一份，约定昊宇公司授权邱某乐开设来来永和加盟店，协议有效期至2018年6月16日。

一审法院认为，因兴庆豆浆店能够证实其店内招牌设计和宣传品设计均根据昊宇公司的统一要求进行布置，对于上述设计兴庆豆浆店并无自主选择的权利，且昊宇公司拥有"来来永和"注册商标的合法使用权，兴庆豆浆店已经尽到了合理注意义务，也向昊宇公司支付了授权费用，兴庆豆浆店能够证明其合法来源且没有过错，不应承担赔偿责任。

宁夏回族自治区高级人民法院认为，一是上海弘奇永和餐饮管理有限公司"永和豆浆"商标核准使用的是第43类，属于服务商标，昊宇公司拥有合法使用权的是"来来永和"商标，核定使用商品是第30类，属于商品类商标，"永和豆浆"与"来来永和"二商标核定范围及商标内容并不相同。兴庆豆浆店经许可使用的商标应为"来来永和"，其应当知道其获得授权的商标"来来永和"与其使用的商标"永和豆浆"在标识、商品服务类别上均存在不同，但兴庆豆浆店实际使用了"永和豆浆"的标识，作为商标使用者兴庆豆浆店并未尽到注意义务。二是兴庆豆浆店提供的是餐饮服务，服务内容包括堂食和外带，其在店招、装饰、餐具、点餐单及外带包装袋上使用商标是为了表明提供服务的来源，使消费者在消费时通过标识知晓为其提供服务的服务者，属于服务商标的使用，兴庆豆浆店并非是销售他人商品的销售者，因此兴庆豆浆店不符合"合法来源"抗辩的适用主体，且兴庆豆浆店与昊宇公司是商标许可及特许经营合同关系，并非兴庆豆浆店向消费者出售昊宇公司提供的餐饮服务，二者之间也不属于"合法来源"中销售者与商品或服务来源方的法律关系。"永和豆浆"在餐饮服务上具有较高知名度，兴庆豆浆店使用"永和豆浆"的行为不具有善意，不符合"合法来源"抗辩中的"不知道是侵犯商标专用权的服务"之要件。

第五章 权利冲突类案件处理

第一节 注册商标之间的权利冲突

注册商标之间的权利冲突主要包括在同一种或类似商品上与在先注册商标相同或者近似所引发的冲突,以及在不相同或者不类似商品上与在先注册的驰名商标相同或者近似所引发的冲突。

一、两个注册商标冲突

商标权人以他人使用在核定商品或服务上的注册商标与其在先的注册商标相同或者近似为由提起民事侵权诉讼的,商标权人应当先向商标行政主管机关申请解决,可申请宣告该注册无效或者申请撤销注册商标,这是注册商标之间权利冲突的一般处理原则。例如,在上诉人飞毛腿电源(深圳)有限公司(以下简称"飞毛腿公司")、北京隆通科技有限公司(以下简称"隆通公司")因与被上诉人爱国者数码科技有限公司(以下简称"爱国者数码公司")、爱国者电子科技有限公司(以下简称"爱国者电子公司")侵害商标权纠纷案[1]中，北京市高级人民法院经审理认为，飞毛腿公司在第0922类似群组的电池、电池充电器等商品上享有第1084577号"爱国者"商标的注册商标专用权，爱国者数码公司在第0901类似群组的计算机周边设备等商品上享有涉案商标的注册商标专用权。虽然飞毛腿公司第1084577号"爱国者"商标核定使用的商品项目中并不包括移动电源商品，但这是由于在该商标申请注册时，市场上尚不存在移动电源商品，《类似商品和服务区分表》中也没有移动电源商品。限于当时《类似商品和服务区分表》的分类，飞毛腿公司客观上不能在移动电源商品上申请注册商标。在移动电源商品面世后，基于《有关商标注册用商品和服务国际分类的尼斯协定》第十版（2015文本）的《类似商品和服务区分表》中新增了"移动电源"商品，并将其划入第0922类似群组，与电池、电池充电器为同一类似群组。《类似商品和服务区分表》是判断商品是否类似的基础，列在同一类似群组中的商品，在没有特别标注的情况下，应属类似商品。因此，飞毛腿公司第1084577号"爱国者"商标在移动电源商品上的使用，并未超出其核定使用的商品范围，也未超出其注册商标专用权的保护范围。被控侵权商品上的商标标志与第1084577号"爱国者"商标相同，不存在改变显著特征、拆分、组合等方式使用的情形。本案属于《最高人民法院关于审理注册商标、企业名称与在先权利冲突的民事纠纷案件若干问题的规定》第一条第二款所指两个注册商标之间的纠纷，不属于法院民事诉讼的受案范围，可以由爱国者数码公司和爱国者电子公司向有关商标行

---

[1] （2018）京民终23号。

政主管机关申请解决。

二、在先注册驰名商标与在后普通注册商标权利冲突

在后注册商标系复制、摹仿或者翻译在先注册驰名商标，构成侵害商标权的，在先注册驰名商标权人可以直接向商标行政主管机关申请解决，也可以直接请求人民法院认定驰名商标，并请求人民法院判决禁止在后商标注册人使用其注册的商标。例如，在再审申请人汤某民因与被申请人江苏洋河酒厂股份有限公司（以下简称"洋河酒厂"）、徐州发洋食品有限公司、江苏丹胜商贸有限公司、淮安他能量饮料有限公司、淮安他能量饮料有限公司、宿迁市宿城区意鑫酒业经销处侵害商标权、不正当竞争纠纷案❶中，最高人民法院认为，"洋河"品牌在市场上具有较高知名度和美誉度，请求对其注册商标按照驰名商标给予跨类保护，具有法律依据，属于民事案件受理的范围，法院应当予以受理。

该案的基本案情是：汤某民的第 5540137 号"洋河 Yanghe"商标于 2009 年 5 月 21 日注册，2016 年 11 月 23 日商评委对该商标除食用油以外的其他类别予以撤销。第 12356049 号"洋河 Yanghe"商标于 2015 年 12 月 21 日在第 29 类上注册。第 16632989 号"洋河 Yanghe"标识于 2017 年 10 月 14 日注册。本案中，汤某民的第 5540137 号、第 12356049 号、第 16632989 号商标与洋河酒厂的第 1470448 号"洋河"商标从外观、呼叫、含义等方面均相同，注册

---

❶ （2018）最高法民申 2469 号。

时间均晚于洋河酒厂的"洋河"商标。无论汤某民在案被控侵权行为发生时其使用的第12356049号、第5540137号商标在牛奶等商品上是否尚未被撤销，2002年3月，第1470448号"洋河"商标已被认定为驰名商标后，汤某民应知悉"洋河"商标的知名度，仍复制、摹仿"洋河"商标多次注册使用，具有攀附意图。

最高人民法院认为，《商标法》第十三条第一款规定，"为相关公众所熟知的商标，持有人认为其权利受到侵害时，可以依照本法规定请求驰名商标保护"。洋河酒厂向法院提起诉讼主张其第1470448号"洋河"注册商标曾被认定为驰名商标，其"洋河"品牌在市场上具有较高知名度和美誉度，请求对其注册商标按照驰名商标给予跨类保护，具有法律依据，属于民事案件受理的范围，法院应当予以受理。根据《驰名商标司法解释》第十一条规定，被告使用的注册商标违反《商标法》第十三条的规定，复制、摹仿或者翻译原告驰名商标，构成侵犯商标权的，人民法院应当根据原告的请求，依法判决禁止被告使用该商标的规定，可认定本案属于一审法院的管辖范围。

三、与注册商标冲突的其他情形

以下情形，严格意义上不属于两个注册商标之间的冲突，原告可以直接向人民法院起诉，人民法院也可以直接审查认定。

（1）如果被告没有规范使用自己的注册商标，该注册商标所实际使用的商品或者服务超出了核定商品或服务的范围，且与原告注册商标核定使用的商品相同或者类似，人民法院可以受理案件并进行审理。原因在于，商标注册人只能在核定的商品或服务上使用注册商标，超出核定的商品或服务上使用注册商标的行为就不属于注册商标的使用，而应当归属于非注册商标的使用，因此超出核定的商品或服务上使用注册商标的行为，严格意义上不属于两个注册商标之间的权利冲突。

（2）如果被告在使用注册商标的过程中，自行改变了商标的显著特征、拆分注册商标，或者将自己的多个注册商标不当叠加或组合使用抑或通过文字处理，弱化或淡化部分文字，突出其他文字等方式使用注册商标，该改变、拆分、组合、处理后的商标与原告的注册商标相同或者近似，人民法院可以受理案件并进行审理。原因在于，改变、拆分、组合、处理后的商标与核准注册的商标属于两个不同的商标，该种使用行为不再属于使用核准注册商标的行为；改变、拆分、组合、处理后的商标与他人注册商标相同或近似，并使用在同一种或类似商品或者服务上的，就有可能侵犯他人的注册商标专用权，严格意义上应该不属于两个注册商标之间的权利冲突。

（3）如果被控侵权商标在法院受理案件时尚未获得注册或已被撤销、无效，人民法院也可以直接受理案件并进行审理。该种情形下相当于被控侵权人没有使用注册商标，或者说不属于注册商标的使用，严格意义上也不属于两个注册商标之间的冲突。

（4）如果被控侵权行为发生时，被控侵权商标尚未获得注册，而受理案件时被控侵权商标获得注册的，人民法院可以直接受理并审查认定。例如，在鲁沃夫公司与北京鹊翔医疗科技有限责任公司

(以下简称"鹊翔公司")侵权商标专用权和不正当竞争纠纷案[1]中,最高人民法院认为,首先,在鹊翔公司与鲁沃夫公司的商业代理关系结束后至"鲁沃夫"商标获得注册前,不论鹊翔公司以何种名义使用"鲁沃夫"商标,根据本案已经查明的事实,鹊翔公司的行为侵犯了鲁沃夫公司的"RU-HOF"注册商标专用权。其次,一种构成对在先民事权利的侵犯的行为,除非法律另有明确例外性规定,不能因获得某种形式上、程序上所谓的合法授权而改变其侵权行为的性质。对于在获得所谓的合法授权之前就存在的行为,已经可以认定构成对他人民事权利的侵犯,更不能因其事后获得所谓的合法授权而改变其侵权行为的性质,行为人不能因此就可以逃避其应当承担的侵权民事责任,更不能因此而继续进行有关侵权行为。最后,因侵犯在先民事权利,包括在先的注册商标专用权,而发生的争议属于民事争议,人民法院对于该民事争议进行受理、审查和裁判,符合民事诉讼的基本要求和民事诉讼法的规定,并无不当。对于那些实际使用行为在先而获得商标注册在后的被控侵权行为,人民法院可以直接受理并对获得商标注册前后的全部被控侵权行为一并作出审查判断。如果不允许人民法院对获得商标注册前后的全部被控侵权行为一并作出审查判断,必然会导致对权利人民事权利救济的不及时和对侵权人规避侵权责任的放纵。本案中,原审法院对于被控侵权商标在核准注册前的被控侵权行为作出的审查认定,显然并不违反任何法律和司法解释的规定;对于被控侵权商标在核准注册后的被控侵权行为一并作出的审查认

---

[1]（2010）民申字第1468号。

定，符合法律保护民事权利的基本精神，不违反有关法律和司法解释的程序性规定。

第二节　商标权与企业名称权的权利冲突

商标权与企业名称权产生权利冲突，包括在先商标权与在后企业名称权产生的权利冲突和在后商标权与在先企业名称权产生的权利冲突。

一、在先商标权与在后企业名称权冲突

将与他人注册商标相同或者相近似的文字作为企业字号在同一种与类似商品或服务上突出使用，容易使相关公众产生误认的，构成商标侵权。也就是说，如果将他人的注册商标登记为企业字号，并未突出使用且出于善意的，一般是不构成侵害商标权的。但如果违反诚信原则，将他人注册商标登记为企业字号，即便没有突出使用，但足以让人产生混淆的，是否承担侵权责任。对此，最高人民法院在（2004）民三他字第10号函中明确指出，未突出使用但违反诚实信用原则，使用与他人注册商标中的文字相同或近似的企业字号，足以使相关公众对商品或服务的来源产生混淆的，也可以根据反不正当竞争法的规定，追究行为人的民事责任。同时，《商标法》第58条也明确规定，将他人注册商标作为企业字号使用，构成不正当竞争的，按照反不正当竞争法处理。

突出使用企业字号的行为被认定为侵害商标权，其原因在于该

行为容易使人产生混淆误认，达到了商标性使用的实质。例如，在再审申请人无锡市太奇教育培训中心（以下简称"无锡太奇中心"）因与被申请人北京三民太奇教育科技有限公司（以下简称"北京三民太奇公司"）侵害商标权和不正当竞争纠纷案❶中，最高人民法院认为，无锡太奇中心在其网站上突出使用"太奇"，是在相同的服务类别上使用了与注册商标相同的文字，构成商标侵权。

该案的基本案情是：无锡太奇中心系由无锡太奇公司于2006年9月19日申请名称核准，于2006年9月25日核准。无锡太奇公司于2003年3月7日成立，2003年9月7日注册wxtaiqi.com的域名。无锡太奇中心民办学校办学许可证的期限为2010年1月1日至2012年4月30日，办学内容包括成人高复、外语培训、职业资格考试辅导。

北京三民太奇公司成立于2001年6月29日。"太奇"文字商标于2002年7月提出注册申请，注册有效期自2006年11月28日至2016年11月27日，核定服务项目为第41类学校（教育）、培训等。北京三民太奇公司举办的北京太奇学校于2002年7月19日取得民办非企业单位登记证书，业务范围为英语、考研及MBA考前辅导；于2014年5月14日取得民办学校办学许可证，办学内容为英语、考研及MBA考前辅导。

无锡太奇中心主张，其字号来自于其举办者无锡太奇学校，该学校成立于2003年3月7日，早于"太奇"商标的核准注册日2006年11月28日，故对于"太奇"商标而言，无锡太奇中心的企

---

❶ （2016）最高法民申1284号。

业名称是在先权利。

最高人民法院经再审认为,本案无锡太奇中心的举办者无锡太奇学校成立日期晚于"太奇"商标的申请日,无锡太奇中心主张其拥有在先权利缺乏事实和法律依据。一审法院以无锡太奇公司成立时间早于"太奇"商标核准注册日等理由认定不侵犯商标权,适用法律有误。二审法院虽然认定构成商标侵权,但是以北京三民太奇公司成立时间早于无锡太奇公司等事实作为无锡太奇中心不能主张在先权利的理由,对在先权利判断也有不当,本院予以纠正。根据一、二审判决认定,无锡太奇中心在其网站上使用"选择太奇""太奇外语类最新实况与招生信息"等字样,其中"太奇"均使用了较大字体,故无锡太奇中心称其未突出使用"太奇"不符合事实。其申请再审阶段提交的网站设计风格等自建立之初即相对稳定的证据,也不能否认上述事实。北京三民太奇公司的"太奇"商标核定使用在"教育、培训"等服务类别上,与无锡太奇中心所从事的服务同类。无锡太奇中心在其网站上突出使用"太奇",是在相同的服务类别上使用了与注册商标相同的文字,构成商标侵权。正如二审判决所认定的,商标一旦注册,所获得的保护是全国范围的,无锡太奇中心认为北京三民太奇公司未在无锡提供教育服务,故不可能造成相关公众混淆的理由不能成立。裁定如下:驳回无锡市太奇教育培训中心的再审申请。

二、在后注册商标权与在先企业名称权冲突

在后注册商标权与在先企业名称权权利冲突的,首先要弄清楚

在先企业名称的权利边界。在企业名称登记辖区范围内，该企业名称享有天然的排斥其他同类竞争企业注册和使用相同或近似名称的权利，但并不当然享有排斥他人享有的注册商标专用权；在企业名称登记辖区范围以外的，该企业名称是否享有企业名称权，取决于该企业名称在登记辖区范围以外是否具有一定的知名度。

企业名称权的权利边界与其享有的知名度有直接关系，企业名称权的权利边界需根据名称权人的信誉、产品质量及广告投入等因素，考量企业名称权在超出其登记辖区范围外是否享有更高的知名度和更大范围的权益保护。故无论是在企业名称登记辖区范围内，还是企业名称登记辖区范围以外，企业名称是否构成在先权利，不能仅以企业名称和注册商标等各自登记和核准注册的时间为准，并非企业名称登记或者使用在前就一定构成在先权利。

如果在先企业名称没有知名度或者仅在登记辖区范围内具有一定知名度的，当其与在后具有较高知名度的注册商标权发生冲突时，就要考虑在先企业名称的使用是否出于正常营业需要而合法善意地使用。如果不是，在突出使用或者不规范使用时就有可能侵害商标权。相反，如果在先企业名称在超出登记辖区范围具有较高知名度，就享有在先权利，如果商标注册人涉嫌将与该企业名称权人在先登记、使用并具有一定知名度的字号相同或者近似的文字申请注册为商标，容易导致相关公众混淆，可能致使在先企业名称权人的利益受到损害的，应当认定为对在先企业名称权的损害，在先企业名称权人可以向商标行政机关申请宣告该注册商标无效或者申请撤销该商标。

如果在先企业名称的使用系出于正常营业需要而合法善意地

使用，并未攀附在后注册商标的商誉，应当判决在先的企业名称不构成侵害商标权。但为了防止市场主体的混淆和冲突，鼓励各自诚实经营，保护消费者权益与正常的市场竞争秩序，人民法院可以在判决中明确要求当事人各自规范使用其企业名称和注册商标。例如，在上诉人厦门艾艺琪贸易有限公司（以下简称"艾艺琪公司"）因与上诉人碧斯诺兰实业发展有限公司（以下简称"碧斯诺兰公司"）、东莞富锦食品有限公司（以下简称"富锦公司"）侵害商标权纠纷案❶中，福建省高级人民法院认为，企业名称特别是字号作为一种识别经营主体身份的标识，在具体使用中应当按照《企业名称登记管理规定》的相关要求进行规范使用。特别是在与他人商标存在近似、存在一定冲突的情况下，企业名称及字号在使用中更应当规范使用、合理避让。

该案的基本案情是：艾艺琪公司成立于2013年12月3日，法定代表人潘某辉。艾艺琪公司于2017年2月21日经商标局核准，在第30类商品上注册了第18912363号"碧斯诺兰BISINUOLAN"商标，核定使用商品包括咖啡、茶、茶饮料、甜食、食品用糖蜜、月饼、谷类制品、调味品、豆粉、冰淇淋（截止），注册有效期限自2017年2月21日至2027年2月20日。

被告碧斯诺兰公司成立于2015年6月26日，法定代表人陈某。案外人龙岩市黛妃美容化妆品销售有限公司成立于2008年6月30日，法定代表人陈某。被告碧斯诺兰公司委托被告富锦公司生产"但愿人长久月饼"，在标注"2017年9月21日"的月饼外

---

❶ （2019）闽民终577号。

包装盒正面、内包装盒侧面,均印制"碧斯诺兰 BISINUOL-∧N"标识。

2017年10月15日,福建省厦门市鹭江公证处出具(2017)厦鹭证内字第59527号公证书,证实2017年10月11日,申请人艾艺琪公司委托代理人邹某权至福建省厦门市鹭江公证处申请网页证据保全。公证员岳某顺、工作人员吴某玉监督申请人的委托代理人邹某权从"https://www.weibo.cn"进入"碧斯诺兰官方微博",微博认证为"龙岩市黛妃美容化妆品销售有限公司"。该微博上"买星级定制高级月饼,也可以省钱买"下方的图片显示:会员专属定制的"BSNL至尊双黄白莲蓉月饼"定制零售价228元,会员尊享价128元,三盒尊享价328元;图片左上角标示"碧斯诺兰BISINUOL∧N"。微博显示,该款月饼于2017年9月6日预售,于同年9月22日开始发货。

经庭审比对,被控侵权月饼使用的"碧斯诺兰 BISINUOL∧N"标识与原告第18912363号"碧斯诺兰 BISINUOLAN"注册商标的区别有二。其一,被控侵权月饼使用的标识为"碧斯诺兰 BISINUOL∧N"的近似拼音在上,中文在下;原告涉案商标"碧斯诺兰"中文在上,拼音在下。其二,被控侵权月饼使用的标识为"碧斯诺兰"的近似拼音,倒数第二个字符为"∧",非字母"A",但二者构图均为上下结构的"碧斯诺兰"中文及其拼音或近似拼音的组合,构成近似。

一审法院认为,未经原告艾艺琪公司许可,被控侵权产品外包装盒正面、内包装盒侧面,均印制"碧斯诺兰"标识。经庭审比对,该标识与原告第18912363号"碧斯诺兰 BISINUOLAN"注册商标均为上下结构的"碧斯诺兰"中文及其拼音或近似拼音的组合,构成近似。且被控侵权月饼与原告第18912363号"碧斯诺兰BISINUOLAN"注册商标所核定使用的商品为相同商品,容易使相关消费者对原、被告的产品产生混淆。故被告富锦公司的生产行为、被告碧斯诺兰公司的销售行为构成对原告涉案注册商标专用权的侵害,应承担停止侵权并赔偿损失的民事责任。

福建省高级人民法院认为,艾艺琪公司是涉案第18912363号"碧斯诺兰BISINUOLAN"注册商标的商标权人,该商标经商标局核准注册,目前仍处有效期限内,故艾艺琪公司享有的注册商标专用权应受法律保护。涉案第18912363号"碧斯诺兰BISINUOLAN"注册商标核定使用的商品类别为包括月饼在内的第30类,而被控侵权产品为月饼,属于与核定使用商品相同的商品。经查,被控侵权产品外包装盒正面、内包装侧面,均印制有"碧斯诺兰BISINUOL∧N"标识。经比对,该标识与涉案"碧斯诺兰BISINUOLAN"注册商标均为"碧斯诺兰"中文及其拼音或近似拼音的组合,二者仅是排列的上下结构不同,在拼音字母的外形上存在细微差别,所以两个标识在整体外观上已经构成近似,相关公众施以一般注意力,容易对二者的产品来源产生混淆,或者认为二者存在其他关联性。综上分析,富锦公司的生产行为、碧斯诺兰公司的销售行为构成对涉案注册商标专用权的侵害,应承担相应的法律责任。

碧斯诺兰公司主张其企业字号早在艾艺琪公司注册涉案商标之前就已登记使用,故其在被控侵权产品上使用"碧斯诺兰"标识系对其企业字号的正当使用,不构成商标侵权。同时,碧斯诺兰公司一直以"碧斯诺兰"标识作为企业字号使用并已具有较高知名度，艾艺琪公司注册涉案商标的行为属于恶意抢注，构成不正当竞争。虽然碧斯诺兰公司的企业名称先于涉案注册商标进行登记，但企业名称特别是字号作为一种识别经营主体身份的标识，在具体使用中应当按照《企业名称登记管理规定》的相关要求进行规范使用。特别是在与他人商标存在近似，存在一定冲突的情况下，企业名称及字号在使用中更应当规范使用、合理避让。而本案中，被控侵权产品是在外包装盒正面、内包装侧面等处标注了"碧斯诺兰"标识，这种使用显然属于商标性的使用，而非对企业名称的完整、规范使用，其使用已经超出合理范畴，难谓善意。碧斯诺兰公司以企业名称登记在先，主张不侵权抗辩缺乏事实和法律依据，本院不予支持。至于碧斯诺兰公司主张艾艺琪公司的涉案商标系对其企业字号在先权利的恶意抢注的问题，涉案"碧斯诺兰BISINUOLAN"商标核准使用在第30类商品上，而碧斯诺兰公司并未举证证明其早在该商标注册前就已经在同类商品上对该商标进行使用并已具有一定影响力。碧斯诺兰公司虽拥有"碧斯诺兰"等文字与拼音商标，但其核准使用的商品并非第30类或与其存在关联的类别。碧斯诺兰公司亦未举证证明艾艺琪公司属于与其存在竞争关系的同业经营者，在明知其企业字号知名度的情况下还进行商标的恶意抢注，故碧斯诺兰公司有关艾艺琪公司涉案商标属恶意抢注的主张亦不能成立。

第三节 商标权与域名的权利冲突

商标权与域名的权利冲突包括域名侵犯商标权和商标权侵犯域

名两种情形，本节主要介绍的是域名侵犯商标权的情形。

将与他人注册商标相同或者相近似的文字注册为域名，并且通过该域名进行相关商品交易的电子商务，容易使相关公众产生误认的，就属于域名侵犯商标权的情形。但对于复制、摹仿、翻译他人驰名商标或者将其主要部分注册为域名的，应当结合《最高人民法院关于审理涉及计算机网络域名民事纠纷案件适用法律若干问题的解释》（以下简称《域名司法解释》）和《中华人民共和国反不正当竞争法》的规定，并结合域名注册人的主观恶意和是否会导致混淆误认等因素判定是否构成商标侵权或不正当竞争。

域名侵犯商标权须满足如下条件：域名与注册商标相同或者近似、通过域名网站进行相关商品交易、容易使相关公众产生混淆误认。如果只是将与他人注册商标相同或者相近似的文字注册为域名，而没有通过该域名进行相关商品交易的电子商务，一般不认定构成侵害商标权。

关于"相关商品的电子商务"中的"相关商品"如何理解，是否限于相同或类似商品，还是说涉及驰名注册商标的还给予跨商品类别的保护，对此，北京知识产权法院进行了非常详细的说理解析。例如，在原告北京奇虎科技有限公司（以下简称"奇虎公司"）诉被告北京联合中投金融信息服务有限公司（以下简称"联合中投公司"）、被告云南贷贷互联网金融服务有限公司（以下简称"云南贷贷金融公司"）、被告云南贷贷网络信息科技有限公司（以下简称"云南贷贷科技公司"）侵害商标权纠纷案[1]中，北京知识产权法

---

[1] （2016）京73民初98号。

院认为，本案中，被告云南贷贷科技公司注册的 www.360daidai.com 域名的主体部分由数字 360 和字母拼音 daidai 组成，360 具有显著识别性。原告三枚权利商标均包括数字 360 且均为显著识别部分，故被告注册的域名 www.360daidai.com 与原告三枚权利商标标识构成近似，属于将他人注册商标相同或者近似的文字注册为域名的行为。《商标法司法解释》第一条第一款第（三）项的用语中既没有涉及驰名商标认定的跨类保护，也没有使用"相同或类似商品"的概念，而是使用了进行"相关商品交易"的表述。针对"相关商品交易"如何解释，特别是其所限定的商品交易的范围，尚没有法源层面的根据。实务中，将"相关商品交易"解释为包含相同或者类似商品的交易已有在先案例存在。但是，对于"相关商品交易"是否仅限定在"相同或类似商品交易"的范围，则需要对"相关商品交易"的立法过程进行考察，进而作出法律上的解释。

在《商标法司法解释》施行之前，于 2001 年 7 月 4 日施行的《域名司法解释》第四条第一款第（二）项有类似规定，即被告域名或其主要部分构成对原告驰名商标的复制、摹仿、翻译，或者与原告的注册商标、域名等相同或近似，足以造成相关公众误认的行为构成侵权或不正当竞争。上述规定将涉及域名注册和使用导致侵犯商标权的行为区分为侵犯一般商标的专用权和侵犯驰名商标的专用权两种类型。因此，《域名司法解释》第四条第一款第（二）项中所使用的"误认"对应着两种类型的侵权行为，既包括侵犯一般商标专用权而造成的直接混淆的误认，也包括侵犯驰名商标专用权而造成的"与驰名商标具有相当程度联系"的跨类联想误认。《商标法司法解释》第一条第一款第（三）项没有采取《域名司法解释》中关于行为类型划分的方式，而使用了"相关商品交易"的概念，同时也有"误认"作为构成要件之一。从法律体系解释论角度，将"相关商品交易"的概念解释为既包括侵犯一般商标的专用权，也包括侵犯驰名商标的专用权，才能够保证法律概念内涵的一致性。

另外，2009年5月1日起施行的《驰名商标司法解释》第三条进一步规定，原告以被告注册、使用的域名与其注册商标相同或者近似，并通过该域名进行相关商品交易的电子商务，足以造成相关公众误认为由提起的侵权诉讼，侵犯商标权或者不正当竞争行为的成立不以商标驰名为事实根据的，人民法院对于所涉商标是否驰名不予审查。《〈最高人民法院关于审理涉及驰名商标保护的民事纠纷案件应用法律若干问题解释〉的理解与适用》一文介绍了《驰名商标司法解释》的起草过程及相关条文的含义："关于驰名商标与域名的冲突，最高人民法院曾经明确过在审理相关类型的案件时，可以对商标是否驰名作出认定。在《解释》（指《驰名商标司法解释》）的制定过程中，也曾在草稿中规定过'以注册、使用的域名与驰名商标相同或者近似为由提起的诉讼'也可以认定驰名商标，并公开征求过意见。而此次公布的《解释》删除了相关规定。主要是考虑，只要原告的注册商标具有一定的知名度，被告注册、使用与其相同或者近似的域名，足以误导相关公众，即可以认定构成侵犯商标权或者不正当竞争，原告的权利可以获得保护和救济，无须再以认定驰名商标为前提条件。由于域名的申请、注册较为容易，如以认定商标驰名作为对抗此类域名注册或者使用的前提条件，易于使当事人'自行'注册域名并据此提起诉讼寻求认定驰名商标"。

由此可见,《商标法司法解释》第一条第一款第（三）项并不是将侵犯商标专用权造成跨类联想误认的行为排除在保护范围之外,只是不再通过"认驰"的方式进行保护。因此,只有将《商标法司法解释》第一条第一款第（三）项中规定的"相关商品交易"解释为不限于"相同或类似商品服务",还包含了与商标知名度相适应的商品或服务,才能保证法律概念内涵的统一。也就是对于跨类的联想误认在认定的要件上虽然不再以认定驰名商标为前提,但仍应考虑商标的显著性和知名度、商品和服务之间的关联关系,以及相关公众的重合范围等因素,在此基础上对"相关商品交易"上注册并使用域名的行为认定是否会产生"跨类的联想误认"。

上述案件中,"360贷贷网"主要从事互联网金融服务,而原告奇虎公司主张权利的三枚权利商标核定使用的商品类别均为计算机软件（已录制）、计算机程序（可下载软件）等商品。审判实践中,往往以《类似商品和服务区分表》作为参照,同时考虑商品和服务的功能、用途、销售渠道、具体内容、对象等因素判定是否属于类似商品或服务。互联网金融服务属于《类似商品和服务区分表》第36类,计算机软件（已录制）、计算机程序（可下载软件）属于第9类,二者并不属于《类似商品和服务区分表》中的同一商品或服务类别。并且,二者在商品和服务的功能、用途、销售渠道、具体内容、对象等方面存在差异,不构成类似的商品或服务。但是,从商品和服务之间的关联关系和公众的重合范围看,互联网金融服务借助于互联网技术和信息通信技术,通过网上互助借款平台实现个人间资金融通、支付、投资和信息中介,是传统金融行业与互联网技术相结合的新兴领域。无论是平台的运营过程中还是消费者在接受互联网金融服务时，通常都需要相应的计算机软件和计算机程序作为技术支持，互联网金融服务的全过程通常都依托于计算机软件在网上平台完成，体现出金融服务与计算机技术的深度融合。因此，互联网金融服务与计算机软件商品和计算机软件程序，具有较大的关联性，二者的消费群体之间存在较大的重叠。同时，原告奇虎公司"360"商标在互联网使用群体中具有很高的知名度，被告注册使用www.360daidai.com域名提供互联网金融服务的行为，容易使相关公众误认为该域名与奇虎公司之间存在许可使用、关联企业关系等特定联系，属于从事"相关商品交易"电子商务活动、容易造成相关公众的误认的行为，违反了《商标民事司法解释》第一条第一款第（三）项的规定，涉案域名的注册并用于网站经营提供互联网金融服务的行为侵犯了原告奇虎公司的商标专用权。

第六章 商标侵权损失赔偿

侵犯商标专用权的赔偿数额,按照权利人因被侵权所受到的实际损失确定;实际损失难以确定的,可以按照侵权人因侵权所获得的利益确定;权利人的损失或者侵权人获得的利益难以确定时,参照该商标许可使用费的倍数合理确定。对恶意侵犯商标专用权,情节严重的,可以在按照上述方法确定数额的一倍以上五倍以下确定赔偿数额。赔偿数额应当包括权利人为制止侵权行为所支付的合理开支。权利人因被侵权所受到的实际损失、侵权人因侵权所获得的利益、注册商标许可使用费难以确定的,由人民法院根据侵权行为的情节判决给予五百万元以下的赔偿。

第一节 权利人损失的认定

权利人因被侵权而造成商品销售减少量或者侵权商品销售量以该注册商标商品的单位利润乘积计算。商标权人许可使用费可以作为其损失的参考,同时应当结合许可使用费是否实际支付及支付方式,许可使用合同是否实际履行或者备案,许可使用的权利内容、方式、范围、期限,被许可人与许可人是否存在利害关系及同行业许可使用费数额的通常标准等因素对许可使用费证据进行审核认定。

商标权人的损失不仅表现为商标所标识产品销量的减少,还包括商标权人商誉的减损和淡化、商标许可费收益的相对减少等,故司法实践中在具体计算商标权人的各项损失上存在很大操作上的困难。一方面,关于商标所标识商品销量的减少在实践当中是很难衡量、认定的,除侵权人侵权导致商标权人商品销售减少以外,还可能受商标权人自身销售策略制订不当、自身生产经营管理不善、产品品质不稳定、市场波动等因素的影响,如何区分非常困难的。另一方面,商标权人因被侵权而可能导致的商誉的减损和淡化及商标许可费收益的相对减少等损失也是难以计算的。

商标侵权损害赔偿以弥补商标权人因侵权所遭受的损失为目的,根据商标权人的损失确定侵权人应支付给商标权人损害赔偿额的计算方法,以期能够最大限度地填补商标权人因侵权所遭受的各种损失,如果商标权人提供充分证据证明因侵权行为存在商誉损失及因侵权行为抢占市场而被迫降价的损失,都可以获得赔偿。例如,在上诉人浙江生活家巴洛克地板有限公司(以下简称"浙江巴洛克公司")因与被上诉人巴洛克木业(中山)有限公司(以下简称"巴洛克公司")及原审被告太仓城厢镇门迪尼地板商行(以下简称"太仓门迪尼商行")、福建世象家居有限公司(以下简称"福建世象公司")侵害商标权纠纷案❶中,江苏省高级人民法院在确定侵害商标权的赔偿数额时就认为,在商标权人有证据证明其产品销量严重下降主要系侵权行为人实施侵权行为的情况下,商标权人因

---

❶ (2017)苏民终1297号。

被迫降价而损失的利润、未来必将损失的利润及商誉损失的，应当予以支持。

该案的基本案情是：巴洛克公司成立于2006年5月12日，其系广东省高新技术企业、中国林产工业协会地板专业委员会副理事长单位、中国林业产业联合会常务理事单位、中国室内装饰协会副会长单位、中国质量检验协会团体会员单位，2015年为《中国林产工业企业社会责任白皮书》参编和发布试点单位。巴洛克公司先后获得过各项荣誉，参与起草《实木地板通用要求》国际标准，参与编纂《商业木材与木制品标识》《木地板企业登记划分规范》《实木复合地板》《仿古木质地板》等中国木地板国家标准和行业标准。

经过不断的宣传和推广，生活家地板获得了一系列荣誉。中国林产工业协会出具《关于生活家行业地位的说明》一份，主要内容为"以生活家、大自然、圣象等为代表，协会将扶持一批龙头企业，提升中国木地板行业的国际影响力，树立一批全球性的木地板品牌"。

三林生活家集团有限公司（以下简称"三林生活家公司"）系涉案第7771146号、第1600860号、第4777126号、第4276865号商标权人，上述商标的核定使用商品均为第19类，包括地板、拼花地板、非金属地板等。第7771146号商标的有效期自2011年2月21日至2021年2月20日，该商标的申请日为2009年10月20日；第1600860号商标的有效期自2001年7月14日至2011年7月13日，经续展至2021年7月13日；第4777126号商标的有效期自2009年3月7日至2019年3月6日；第4276865号商标的有效期自2007年10月28日至2017年10月27日。2011年，三林生活家公司许可巴洛克公司使用上述4个商标，目前均在许可期限内。

2014年，三林生活家公司授权巴洛克公司全权负责处理其所有的包括涉案四个注册商标在中国大陆地区的维权事务，授权期限为2014年12月26日至2020年12月31日。

根据巴洛克公司2014年度、2015年度经营情况说明，地板销售收入占所有销售收入的90%左右。庭审中，巴洛克公司主张其与大亚圣象家具股份有限公司（以下简称"大亚圣象"）、大自然家居（中国）有限公司（以下简称"大自然家居"）、德尔集团有限公司（以下简称"德尔公司"）为同一量级，系中国地板龙头企业。中国林产工业协会在出具的证明中称："据该协会地板专业委员会不完全统计，巴洛克公司2010年至2015年生产经营的'生活家'牌地板产销量及品牌知名度在我国地板行业名列前五名。"

关于巴洛克公司地板产品的利润率问题及因浙江巴洛克公司的被控侵权行为给其造成的损失，巴洛克公司盐城地区的经销商薛某莲到庭作证。其陈述从2007年开始经销巴洛克公司的地板，2010年至2015年每年的销量在25 000平方米左右，销售毛利润率为30%~33%，净利润率为15%~18%，每年的广告费投入在20万元左右。其门店在盐城红星美凯龙，浙江巴洛克公司的门店在距离其100米的盐城高力家具港，于2015年11月开设，因为浙江巴洛克公司门店的销售价格低，并且有很多同款产品，又加上销售人员误导顾客，导致其从2015年11月开始销售量下滑。虽然浙江巴洛克公司的门店经工商行政处罚之后已经将门头改成了浙江生活家巴洛克地板有限公司，但还是造成消费者误认，对其经营造成重大影响。为此，其向巴洛克公司要求降价和各项支持，巴洛克公司将对其的供货价格下调了 20~25 元/平方米，又额外补贴了 5 万元的广告费。

根据大亚圣象、大自然家居、德尔公司的财务年报记载，2014 年地板业务毛利率分别为 19.70%、35.66%、34.12%，2015 年毛利率分别 37.96%、31.5%、32.78%。据此，巴洛克公司主张地板行业的平均毛利率为 30%。

巴洛克公司主张其与德尔公司在业务结构、公司规模等特性上高度相似，可以参照德尔公司的净利润率数据。德尔公司 2014 年地板销售收入 67 743 万元，巴洛克公司 2014 年总销售收入为 64 852.39 万元；德尔公司 2015 年地板总销售收入 79 378 万元，巴洛克公司 2015 年总销售收入为 63 494.02 万元。德尔公司地板业务均为内销，2015 年比 2014 年销售收入增长了 17.18%。巴洛克公司地板业务分为内销和外销，在 2014 年地板内销收入为 40 570.8 万元，外销收入为 11 256.77 万元，2015 年地板内销收入同比下降了 10.71%，计 4343.54 万元，地板外销收入同比增长 59.40%。德尔公司 2014 年、2015 年地板业务净利润率分别为 18.97% 和 16.25%。据此，巴洛克公司主张参考德尔公司的净利润率，在本案中以净利润率 10% 主张其实际损失。其主张浙江巴洛克的侵权行为自 2015 年 6 月开始，至 2015 年 12 月，半年时间其销售收入减少 4343.54 万元，计 434.354 万元利润，按此方式计算至 2016 年年底，损失的利润为 1200 多万元（434.354 万元 ×3）。而鉴于浙江巴洛克公司在收到禁令之后，拒不履行，仍继续从事被控侵权行为，主观恶意明显，因此要求在本案中适用惩罚性赔偿，数额应至少提高至两倍，即2400万元。

同时，巴洛克公司陈述，其为了应对浙江巴洛克公司大规模的低价销售给其经销商带来的冲击，于2015年11月5日和2016年3月15日两次降价，向其各经销商和分公司下发《降价通知》，该通知中载明，"因发现市场上有浙江某地板公司使用的商标与巴洛克公司注册商标类似，且产品外包装、产品名称及规格也相同或相似，还向其他地板品牌和消费者发放低价价格表，从而严重影响巴洛克公司的价格政策，因此决定对各系列的产品进行降价，第一次降幅为8~20元/平方米，第二次降幅为5~10元/平方米"。

江苏省高级人民法院经审理后认为，一审判决确定本案的赔偿数额时采用了"因销售流失而损失的利润"及"因价格侵蚀而损失的利润"两种计算方法，并考虑了巴洛克公司因侵权行为而遭受的未来销售利润损失、商誉损害，为禁止侵权而支出合理维权费用及浙江巴洛克公司侵权的恶意、严重情节等多方面因素，认定浙江巴洛克公司因侵权行为给巴洛克公司造成的损失（包括合理维权开支）远超过人民币1000万元。该认定有理有据，方法科学，因果关系妥当，推理合理、清晰。因销售流失而造成的损失，是指侵权行为导致巴洛克木业公司未能实现其原本能够实现的销售业务而损失的利润，计算公式为"损失的利润＝损失的销售额 × 被侵权产品的净利润率"。法院参照行业地位、业务结构、公司规模均与巴洛克木业公司相似的同行企业同时期利润率，对本案中巴洛克木业公司主张的10%的净利润率予以认可。巴洛克木业公司2015年销售利润实际损失为：2015年度比2014年度地板内销减少的销售收入 × 10%的净利润率，即434.354万元。2016年浙江巴洛克公司在全国各地开设的门店数量远远多于 2015 年,侵权时间跨度也大于 2015 年,据此可以相信巴洛克木业公司 2016 年因涉案侵权行为造成的实际损失远大于 2015 年。因价格侵蚀而损失的利润,是指侵权产品的竞争迫使巴洛克木业公司降低价格或者无法实现较高的价格而导致销售利润的损失。巴洛克木业公司为了应对浙江巴洛克公司的低价销售给其经销商带来的冲击,应各经销商的要求,两次采取降价措施,降幅最小的为 5 元/平方米。巴洛克木业公司 2015 年 10 月至 2016 年上半年,销售总量约 232 万平方米,即便仅按照巴洛克木业公司降价通知中所列的降幅最小的 5 元/平方米来计算,其因价格下调而损失的利润为 232 万平方米 × 5 元/平方米 = 1160 万元,已超过 1000 万元。未来损失的利润,是指未来销售流失和未来价格侵蚀导致的利润。对于权利人而言,如果没有侵权行为,其可以确定地获取此种利润。这种确定性和损失的利润,通常可以从权利人原有的商业关系中得到证明。本案中,巴洛克木业公司和其湖北孝感、湖南湘潭、江西丰城的经销商保持了长期的供销关系,在与巴洛克木业公司合作的几年中,这三家经销商也没有寻找另一家厂商来代替巴洛克木业公司。但是自浙江巴洛克公司销售被控侵权产品之后,这几家经销商转而从浙江巴洛克公司处购买价格更低的被控侵权产品,并中断了与巴洛克木业公司持续几年的良好合作关系。据此可以判定,如果浙江巴洛克公司不生产、销售被控侵权产品,这三家经销商极有可能会继续保持与巴洛克木业公司的经销合作关系。因此,对于巴洛克木业公司而言,此部分的未来利润损失也是确定无疑的。商誉,是指企业拥有的一种利益,源于该企业的名誉与顾客的联系及使顾客的联系得以保持的条件。商誉的实质在于其所蕴含的消费者对于该企业的信任利益。商誉受损不仅影响企业的获利能力，同时也会在一定程度上改变相关市场的竞争格局。本案中，在江苏连云港、淮安和黑龙江均有消费者因误将浙江巴洛克公司的地板当作巴洛克木业公司的地板进行购买。更为严重的是，有消费者从巴洛克木业公司正品经销门店中购买到了浙江巴洛克公司的地板，购买后不仅发现正品门店混售侵权产品，而且所销售的侵权产品还存在质量问题，向媒体进行曝光后由巴洛克木业公司的经销商赔偿消费者 25 000 元。以上的种种投诉与举报，不仅对巴洛克木业公司品牌形象造成重大影响，也对巴洛克木业公司通过长久努力积累起来的商业信誉造成损害，最终也会影响到巴洛克木业公司的市场份额与竞争格局。

第二节 侵权人获利的认定

商标权人的实际损失难以确定的，可以按照侵权人因侵权所获得的利益确定；侵权所获得的利益，可以根据侵权商品销售量与该商品单位利润乘积计算；该商品单位利润无法查明的，按照注册商标商品的单位利润计算。以侵权人的获利确定损害赔偿数额，一定程度上既可以弥补商标权人的损失，又可以避免侵权人因商标侵权而获利，但该种方式的难点在于如何知道侵权人的侵权产品销售量难。从税务部门的纳税登记和向工商部门年检提交的报表资料中获取销售量或者获利情况，往往与侵权人实际的销售量不一致。通过查看侵权实际的财务账簿，无疑是最直接的，但是实践中这些证据是由侵权人掌握的，即便侵权人如实提供相应的财务账簿，能够准确知道侵权商品的销售量,是否还需要考虑侵权商品销售量与商标贡献度、商品本身的质量、侵权人销售策略等因素,以及侵权商标的利润抑商标权人商品的利润等该如何精确认定。看似通过以侵权商品数量乘以侵权商品利润计算侵权获利可以轻松解决损失赔偿数额的问题,实际上在司法实务中也是困难重重。

在以侵权人获利确定损失赔偿数额的情形下,应当考虑商品的品牌贡献度、行业利润等因素对侵权商品销售量及侵权人营收和利润的影响。例如,在施耐德电气中国公司与被告施耐德电梯公司侵害商标权及不正当竞争纠纷案❶中,苏州市中级人民法院认为,根据电梯行业相关公司的年报所体现的行业平均毛利润,扣除相关费用后计算出施耐德电梯公司的净利润,再结合施耐德电气中国公司的商标影响力和知名度,确定最终的侵权获利数额。

该案的基本情况是:施耐电气欧洲公司于1995年7月10日在中国投资设立原告施耐德电气中国公司,负责经营中国区域的全部业务,业务范围包含电子、机械等多个行业的投资及经营。原告是"施耐德"等系列商标的普通被许可人。施耐德商标经过长期使用具有较高知名度和影响力。

被告施耐德电梯公司原企业名称为苏州施耐特电梯有限公司,于2012年3月12日变更为苏州施耐德电梯有限公司。

原告施耐德电气中国公司认为被告施耐德电梯公司侵犯其注册商标专用权,提起诉讼。

根据被告施耐德电梯公司财务报表审计报告显示,被告2011

---

❶ (2019)苏05知初643号。

年营业收入 358.88 万元，2012 年营业收入 2355.732 万元，2013 年营业收入 8815.201 万元，2014 年营业收入 10 690 万元（其中利润 800 万元，利润率为 7.5%），2015 年营业收入 11 910 万元（其中利润 500 万元，利润率为 4.2%），2016 年营业收入 12 350 万元（其中利润 617 万元，利润率为 5%）。根据税务机关提供的报告年度纳税申报表和增值税专用发票数据，被告 2017 年营业收入 11 538 万元（其中利润 569 万元，利润率为 5%），2018 年营业收入 11 528 万元（其中利润 602 万元，利润率为 5%），2019 年开票金额 10 337 万元。据此计算被告 2012 年至 2019 年营业收入共计 79 883 万元。被告对 2011 年至 2016 年的营收数据不持异议，同时当庭提交 2017 年至 2019 年的营业收入记录，主张被告 2017 年营业收入 10 620 万元，2018 年营业收入 10 347 万元，2019 年营业收入 8378 万元，据此被告认可其 2011 年至 2019 年营业收入共计 75 825 万元。

江苏省苏州市中级人民法院在确定损害赔偿数额分析时认为，本案原告施耐德电气中国公司虽不直接生产电梯产品，但不可否认，被告市场竞争优势的较大部分来源于施耐德品牌的知名度和影响力，特别是自 2012 年被告变更企业字号为施耐德后，营业收入从 2011 年的 358.88 万元跃升至 2012 年 2355.732 万元、2013 年的 8815.201 万元，之后几年一直稳定在逾亿元，被告施耐德电梯公司不正当利用施耐德商标的市场声誉，攀附名牌，搭便车故意明显，在计算赔偿数额时，也将考虑施耐德品牌对被告施耐德电梯公司营收和利润的贡献度。根据在案证据，本院认定 2012 年至今的营业收入达 8 亿元，利润率结合被告施耐德电梯公司财务审计报告及纳税申报表近几年的利润率情况，平均利润率高于 5%，同时根据电梯行业相关公司的年报，行业平均毛利率为29%，扣除相关费用，利润率也应该高于5%，故本案确定被告施耐德电梯公司的利润率不低于5%。品牌贡献度方面，集合本案实际及施耐德商标的驰名度，确定品牌贡献度占比为50%。

第三节 法定赔偿数额的适用

权利人因被侵权所受到的实际损失、侵权人因侵权所获得的利益、注册商标许可使用费难以确定的，由人民法院根据侵权行为的情节判决给予500万元以下的赔偿。人民法院可以根据当事人的请求或者依职权适用法定赔偿数额。损害赔偿应当优先根据权利人的损失、侵权人的获利、合理许可使用费的顺序确定赔偿数额，在前一顺位的计算方式无法确定损害赔偿数额时，才适用法定赔偿数额的法律规定。适用法定赔偿数额时，应当考虑侵权行为的性质、期间、后果，侵权人的主观过错程度，商标的声誉及制止侵权行为的合理开支等因素综合确定。

例如，在原告蒙克雷尔股份公司（以下简称"蒙克雷尔公司"）诉被告北京诺雅卡特服装有限公司（以下简称"诺雅卡特公司"）侵害商标权及不正当竞争纠纷案[1]中，北京知识产权法院认为，原告蒙克雷尔公司未举证证明其因被侵权所遭受的实际损失，被告诺雅卡特公司也未举证证明其因侵权所获得的利益或者其生产、销售服装的数量，也无许可费可以作为参照，故根据侵权行为的情节决

---

[1] （2014）京知民初字第52号。

定本案的赔偿数额。最终，法院根据原告商标的知名度、被告诺雅卡特公司侵权程度与主观恶意、被控侵权商标的销量与价格等因素，综合考量后使用法定赔偿额判定被告诺雅卡特公司赔偿原告蒙克雷尔公司经济损失。

该案的基本案情是：2010年3月28日，蒙克雷尔有限公司获得第6084721号"MONCLER"商标的专用权，该商标核定使用在第25类服装、鞋、帽、男式外衣、女式外衣等商品上，注册有效期限至2020年3月27日。2014年3月20日，商标局出具核准商标转让证明，核准第6084721号商标转让给原告。

2008年12月14日，蒙古雷尔公司获得第4486670号商标的专用权，该商标核定使用在第25类服装、婴儿全套衣、游泳衣、防水服、鞋（脚上的穿着物）、帽等商品上，注册有效期限至2018年12月13日。2009年10月7日，商标局出具核准商标转让证明，核准第4486670号商标转让，受让人为福瑞达赛科有限公司。同日，商标局再次出具核准商标转让证明，核准该商标转让，受让人为蒙克雷尔股份有限公司。2009年10月13日，商标局出具注册商标变更证明，核准第4486670号商标变更注册人名义为蒙克雷尔有限公司。2014年3月20日，商标局出具核准商标转让证明，核准第4486670号商标转让给原告。

2008年10月13日，原告获得第G991913号商标专用权，该商标核定使用在第25类服装、鞋类、帽类商品上，注册有效期限至2018年10月13日。

2008年10月13日，原告获得第G991914号商标专用权，该商标核定使用在第25类服装、鞋类、帽类商品上，注册有效期限至2018年10月13日。

被告认为，商标局针对第4486670号商标在同一天下发了两次转让公告，受让人为两个不同的主体，其转让程序存在瑕疵，应为无效。

2013年10月31日，首都图书馆信息咨询中心为其查询检索"Moncler"相关文献。经检索馆藏期刊文献，共提取并查检2008年至2011年期刊89期，中期刊名称包括《时尚芭莎》《时尚芭莎：商务女性专刊》《时尚芭莎：男士》《世界时装之苑》《时尚先生》《时尚》《时装》《时装：男士》《瑞丽：伊人风尚》《悦己》《服饰与美容》《嘉人》《男人风尚》。

2013年2月28日，国家图书馆科技查新中心出具检索报告，对"MONCLER"或"蒙克雷尔"或"盟可来"在中国大陆地区报纸期刊中的相关报道进行检索，检索年限为1980年至2013年2月7日，检索日期为2013年2月7日至28日。检索结果为以"MONCLER"或"蒙克雷尔"或"盟可来"为检索词，在慧科中文报纸数据库挑选并打印全文332篇，在中国期刊网全文数据库挑选并打印全文15篇。其中，文献清单包括《第一财经日报》《新京报》《中华工商时报》等报纸与《中国服饰》《中国纺织》等期刊。

2013年1月12日北京市长安公证处出具（2013）京长安内经证字第414、第415号公证书，2013年12月4日北京市东方公证处出具（2013）京东方内民证字第10929号公证书，2014年7月30日北京市东方公证处出具（2014）京东方内民证字第7008号公证书，皆对被告的侵权行为进行取证。

在本案诉讼过程中，本院曾要求原、被告双方提交因侵权造成的损失或获利的证据,被告未提交其获利或者生产、销售服装数量的证据。

北京知识产权法院认为,原告未举证证明其因被侵权所遭受的实际损失,被告也未举证证明其因侵权所获得的利益或者其生产、销售服装的数量,也无许可费可以作为参照,故本院将根据侵权行为的情节决定本案的赔偿数额。在决定赔偿数额时,本院充分考虑如下因素。①请求保护注册商标的知名度,根据法院查明的事实,原告是一家位于意大利的服装企业,其涉案商标在羽绒服等服装商品上具有较高的知名度。②被告侵权的主观状态及后果。经查,被告长期在其经营的网站上展示与原告涉案商标相同及相近标识的服装,并且长期在网站上招募代理商,侵权行为持续时间较长。被告生产的服装上未标明生产者,故足以认定被告的主观恶意明显,侵权后果严重。③被控侵权商品的价格与原告商品的价格。被告生产、销售的服装在同类商品中价格较高,原告生产的标有涉案商品的商品在同类商品中属于高端系列,价格也相对较高。④被告是否提供因侵权获利或者生产、销售服装数量的证据。被告作为被控侵权商品的生产者与销售者,不论是按照法律规定还是按照举证能力,其都应对这些证据进行举证。

第四节　律师代理费的合理开支认定

侵犯注册商标专用权的赔偿数额除赔偿商标权人的损失外,还应当包含权利人为制止侵权行为所支付的合理开支。制止侵权行为所支付的合理开支,包括权利人或者委托代理人对侵权行为进行调查、取证的公证费，因调查取证或出庭而产生的交通、住宿、误工等费用，档案查询费，材料印制费，翻译费和公告费及因申请保全提供担保发生的保险费等合理费用。一般情况下，权利人因维权所实际支付的合理开支部分（除律师代理费外）都会得到法庭的全额支持。

律师代理费是指律师依法为当事人提供法律代理服务所收取的报酬，人民法院根据当事人的诉讼请求和案件具体情况，可以将符合国家有关部门规定的律师费用计算在赔偿范围内。当前，律师代理费实行市场调节的收费方式，由律师事务所与当事人协商确定。律师代理费一般根据所代理案件的难易程度、专业性程度、代理人所可能付出的工作量、行业惯例、律师事务所所制订的代理费收费标准及代理费是否实际支付等因素综合确定。实践中，律师事务所与当事人协商的收费方式通常为常规收费和风险收费等，常规收费一般是事先收取律师代理费的收费方式，即在代理案件之前律师事务所与当事人约定好具体的收费标准，如按件收费或计时收费等，由当事人事先支付给律师事务所，并由律师事务所开具相应金额的发票。风险收费则是在事后收取律师代理费的收费方式，即由律师事务所和当事人约定双方应承担的风险责任、收费方式、收费数额或比例等，在满足约定条件后由当事人依约支付给律师事务所。

（一）常规律师代理费的支持情况

常规律师代理费是否会得到法庭的全额支持，实践中并不完全一致，有的地方法院基本是全额支持，有的地方法院会考虑诉求金额与法院最终判决支持数额的比例进行确定。例如，在上诉人东道品牌创意集团有限公司因与被上诉人北京东道品牌联盟管理有限责任公司、被上诉人魏老香餐饮管理（北京）有限公司侵害商标权及不正当竞争纠纷案❶中，北京高级人民法院在对合理开支进行分析时认为，关于合理支出，鉴于在案证据仅有65 156元有发票原件等证据支持，本案未全额支持东道品牌创意集团有限公司的全部损害赔偿请求，故本院根据本案具体情况酌情确定支持5万元的合理开支数额。

但在北京嘉园置地房地产经纪有限公司与周某雷、一审被告北京欣雅欣房地产经纪有限公司、上海昊龙房产经纪有限公司侵害商标权纠纷案❷中，一审北京市朝阳区法院在大部分驳回周某雷诉请金额的情况下，仍全额支持了周某雷合理开支部分的金额，其认为周某雷为本案维权支出的律师费和公证费，确系为维权的合理支出。二审北京知识产权法院在审理后也认为，关于合理开支，一审法院在合理性、必要性、关联性的基础上，根据律师代理及案件公证事实，结合案件难易度情况，酌定数额合理，并无不当，予以确认。

由此可见，合理开支中常规律师代理费的支持程度不但要结合案件难易程度、复杂程度、代理律师的工作量等因素，还要结合诉求金额的支持比例等因素确定。

---

❶（2021）京民终554号。

❷ 一审案号为（2018）京0105民初73439号、二审案号为（2021）京73民终1628号。

(二)风险代理律师代理费支持情况

司法实践中,对于普通的民商事案件,当事人与律师事务所约定风险代理的情况非常普遍。因知识产权相关法律的特殊规定,为提高权利人维权的积极性,因维权支出的律师代理费部分由被控侵权人承担。但是,如果当事人与律师事务所约定的收费方式为风险代理,是否会全额得到法庭的支持?检索现有的案例发现,对于风险代理部分的律师费,人民法院普遍的观点是,律师代理费确系商标权人维权所必须支付的费用,并同时结合当地的经济发展状况,酌情确定律师代理费的合理金额,即并未按照风险代理约定的数额判决支持。

例如,上诉人庄某链因与被上诉人凌某义侵害商标权纠纷案❶中,为制止侵权,凌某义支付公证费1200元。凌某义(甲方)与江苏东银律师事务所(乙方)签订了风险代理委托合同,约定甲方因涉案商标侵害商标权纠纷一案,委托乙方律师以诉讼方式风险代理,律师费计算方式为执行款总额的20%。江苏省高级人民法院最终连同赔偿金额和合理开支以酌定的方式确定为3万元。

另如,在美盛农资(北京)有限公司(以下简称"美盛北京公司")与常州市大地肥业科技有限公司侵害商标权纠纷一案❷中,江苏省高级人民法院在认定合理开支分析时认为,美盛北京公司主张为制止侵权行为支出的合理费用为125 000元,其中包括12万元代理费和5000元左右的公证费。虽然美盛北京公司委托代理人表示

---

❶ (2019)苏民终66号。
❷ (2017)苏民终220号。

本案系风险代理，代理费用实际尚未支出，但美盛北京公司主张诉讼标的额为 100 万元，且其地处北京。在案件审理过程中，其委派相关工作人员或律师参与了本案的诉讼活动，加之诉讼开始前所进行的调查取证等活动，美盛北京公司必然会为本案的异地维权行为支付相应的费用，并遭受一定的经济损失。因此，本院将酌情予以支持。

在上诉人刘某山、上诉人深圳市福田区爱读教育培训中心有限公司与被上诉人深圳市互联港湾网络技术有限公司因侵害商标权纠纷案[1]中，一审法院认为关于刘某山主张的合理开支中，其主张的公证费因提交了公证书及发票，一审法院全额支持，其主张的律师费及其他维权费用并未实际支出，故在合理范围内进行酌定，一审法院对其合理开支共计支持 5 万元，对刘某山主张的过高部分不予支持。北京知识产权法院审理上诉时认为，一审法院综合考虑相关因素对刘某山因涉案侵权行为所遭受的经济损失及诉讼合理开支予以酌定，酌定的赔偿数额并无不当。

人民法院对于商标侵权案件中风险代理部分的律师代理费基本上并未全额支持，均是按照酌定的方式并结合案件的具体情况确定，根本原因还是在于风险代理部分的律师费并未实际支出。实际上，最高人民法院对于尚未实际发生的风险代理的律师费是否应该支持，也是持否定态度。例如，在上诉人云南城投昆明置地有限公司（以下简称"昆明置地公司"）因与被上诉人中国华融资产管理股份有限公司云南省分公司（以下简称"华融资产云南公司"）保

---

[1] （2020）京 73 民终 2684 号。

证合同纠纷案❶中,最高人民法院认为,华融资产云南公司除实际支付的前期费用除10万元外,剩余律师代理费的计收为附条件的约定,需要根据实际回收的为现金或非现金,以及金额价值的不同阶段,按不同的比例计算。因此,华融资产云南公司为实现本案债权而需要承担的律师费尚处于不确定状态。故对华融资产云南公司已经实际支出的10万元律师代理费应予支持,对《委托代理合同》约定了计算方式但尚未实际发生的,可待实际发生后另行主张。一审法院对尚不确定的律师代理费支持2 120 230.06元确有不当,本院予以纠正。

第五节　惩罚性赔偿的适用

惩罚性赔偿是指对恶意侵犯商标专用权情节严重的,可以按照权利人损失、侵权人获利及许可使用费倍数确定赔偿数额。

请求人民法院适用惩罚性赔偿的,应当弄清楚惩罚性赔偿涉及的几个关键条件。

(1)对于侵害商标权恶意的认定,应当考虑商标的知名度、商标权受保护的记录、被告与原告或者利害关系人之间的关系、侵权行为和手段等具体情形,并结合如下情形综合认定。①被告经原告或者利害关系人通知、警告后,仍继续实施侵权行为的;②被告或其法定代表人、管理人是原告或者利害关系人的法定代表人、管理人、实际控制人的;③被告与原告或者利害关系人之间存在劳动、

---

❶ (2018)最高法民终25号。

劳务、合作、许可、经销、代理、代表等关系，且接触过被侵害的商标的；④被告与原告或者利害关系人之间有业务往来或者为达成合同等进行过磋商，且接触过被侵害的商标的；⑤商标的知名度和被告实施假冒注册商标行为的等情形。

（2）对于情节严重的认定，应当综合考虑侵权手段、次数，侵权行为的持续时间、地域范围、规模、后果，侵权人在诉讼中的行为等因素。如下情形可以认定为情节严重：①因侵权被行政处罚或者法院裁判承担责任后，再次实施相同或者类似侵权行为的；②以侵害商标权为业的；③伪造、毁坏或者隐匿侵权证据的；④拒不履行保全裁定的；⑤侵权获利或者权利人受损巨大；⑥侵权行为可能危害国家安全、公共利益或者人身健康等情形。

（3）商标权人在提出惩罚性赔偿请求时，应当明确惩罚性赔偿的计算基数和计算方式。商标权人可以原告实际损失数额、被告违法所得数额或者因侵权所获得的利益作为计算基数，该基数不包括原告为制止侵权所支付的合理开支。在实际损失数额、违法所得数额、因侵权所获得的利益均难以计算时，也可以请求人民法院以商标许可使用费的倍数合理确定计算基数。

（4）确定惩罚性赔偿的倍数，主要考虑被告主观过错程度、侵权行为的情节严重程度等因素。例如，在小米科技有限责任公司（以下简称"小米科技公司"）、小米通讯技术有限公司（以下简称"小米通讯公司"）诉中山奔腾电器有限公司（以下简称"中山奔腾公司"）等侵害商标权及不正当竞争纠纷案❶中，江苏高级人民法院

---

❶ （2019）苏民终1316号。

全面分析、阐述了认定惩罚性赔偿的"恶意""情节严重"要件及确定基数和倍数的方法，既考虑到被控侵权商品销售特点，又全面分析了影响惩罚倍数的相关因素，确定了与侵权主观恶意程度、情节恶劣程度、侵权后果严重程度相适应的倍数，为惩罚性赔偿制度的适用提供了实践样本，体现了严厉打击严重侵害知识产权行为的导向。

该案的基本案情是：2011年4月，小米科技公司注册了"小米"商标，核定使用商品包括手提电话、可视电话等。此后还陆续申请注册了"mi""智米"等一系列商标。小米科技公司、小米通讯公司自2010年以来，先后获得行业内的多项全国性荣誉，各大媒体对小米科技公司、小米通讯公司及其小米手机进行持续、广泛地宣传报道。2011年11月，中山奔腾公司申请注册"小米生活"商标，2015年被核准注册，核定使用商品包括电炊具、热水器、电压力锅等。2018年，"小米生活"注册商标因"系通过不正当手段取得注册"被宣告无效。此外，在中山奔腾公司注册的90余件商标中，不仅有多件与小米科技公司"小米""智米"标识近似，还有多件与"百事可乐PAPSIPAPNE""盖乐世""威猛先生"等知名品牌相同或近似。

江苏省高级人民法院认为，网店商品的评论数可以作为认定商品交易量的参考依据，涉案23家店铺的销售额可以纳入本案侵权获利额的计算范围。同时认为：①直到二审期间，中山奔腾公司等仍在持续宣传、销售被控侵权商品，具有明显的侵权恶意。②中山奔腾公司等通过多家电商平台、众多店铺在线上销售，网页展示的侵权商品多种多样，数量多，侵权规模大，该情节也应作为确定惩罚数额的考量因素。③"小米"商标为驰名商标,具有较高的知名度、美誉度和市场影响力。④被控侵权商品被上海市市场监督管理局认定为不合格产品,部分用户也反映被控侵权商品存在一定的质量问题。中山奔腾公司等实施的被控侵权行为导致小米科技公司、小米通讯公司良好声誉受到损害,应当加大惩处力度,以侵权获利额为赔偿基数,按照3倍确定赔偿额,对小米科技公司、小米通讯公司主张的5000万元赔偿额予以全额支持。

又如,在上诉人阿迪达斯有限公司(adidas AG,以下简称"阿迪达斯公司")与上诉人阮某强、阮某义因侵害商标权纠纷案❶中,浙江省温州市中级人民法院认为,为确定赔偿数额,可以采用权利人的请求计算方式确定赔偿数额,对于权利人尽了最大努力所举证据,不轻易否定,而是坚持优势证据标准,合理确定惩罚性赔偿的基数。

该案的基本案情是:阿迪达斯公司拥有"adidas"系列商标权,且知名度高。阮某强等人出资注册成立的瑞安市正邦鞋业有限公司(以下简称"正邦公司")于2015至2017年先后三次被行政部门查获侵犯阿迪达斯公司"adidas"系列商标权的鞋帮产品,并被处以行政处罚,累计侵权产品数量高达17 000余双。阿迪达斯公司提起民事诉讼,请求适用惩罚性赔偿判令阮某强等人赔偿阿迪达斯公司经济损失2 641 695.89元。

浙江省温州市中级人民法院认为,《商标法》第六十三条第一款以实际损失、侵权获利、许可使用费为基础,针对情节严重的恶

---

❶ (2020)浙03民终161号。

意侵权行为人又进一步为权利人提供了惩罚性赔偿制度。以上本院确定了阿迪达斯公司因正邦公司的侵权行为所遭受的实际损失345 779.28元,故本案是否适用惩罚性赔偿制度,尚需满足两个条件,一是恶意侵权,二是情节严重。在本案侵权行为发生之前,正邦公司于2015年、2016年先后两次因生产、销售侵犯阿迪达斯公司商标权的鞋帮产品被处以行政处罚,且阮某强因本案侵权行为接受行政机关询问时表示知道被查获的鞋帮侵犯他人注册商标权,但是这些鞋帮销路好、利润高。正邦公司多次侵犯阿迪达斯公司的多枚相同商标权的行为,表明其主观恶意非常明显,其中前两次被查获的鞋帮合计3250双,已经销售出去的鞋帮合计7400双,累计10 650双,将近两倍于本案所涉侵权鞋帮数量。正邦公司登记注册于2014年、注销于2018年,2015年至2017年三年连续因侵犯阿迪达斯公司商标权被行政机关查获并处罚,且侵权鞋帮上标注的侵权标识与阿迪达斯公司的相应商标标识一致,本案应当认定正邦公司的侵权行为在数量上具有规模性,在时间上具有持续性,在后果上具有恶劣性,符合情节严重的特点。因此,本院决定以上述经济损失345 779.28元的3倍,即1 037 337.84元为赔偿数额。最后,一审法院认定阿迪达斯公司为本案诉讼支出了律师费等维权支出40 678.8元,具有合理性,应一并予以支持。阿迪达斯公司上诉主张二审期间的合理费用,但未提供二审期间增加的合理费用证据,本院不予支持。综上,阿迪达斯公司上诉请求的损害赔偿数额2 641 685.89元,本院支持其中的1 078 016.64元。

第七章 侵害商标权的其他问题

第一节 未实际使用注册商标的权益保护

一、未实际使用注册商标的民事保护

商标的生命在于使用，只有通过使用才能发挥商标区分商品和服务来源的作用，否则就不会产生相应的商标权益。本节所强调注册商标的实际使用是指商标法意义上的商标使用，即商标性使用。商标性使用一定要兼顾核定使用的商品、核准注册的商标并结合商标使用的外观和使用的实质综合判定。如下情形不视为该注册商标的商标性使用：①商标注册信息的公布或者商标注册人关于对其注册商标享有专用权的声明；②未在公开的商业领域使用；③仅作为赠品使用；④仅有转让或许可行为而没有实际使用；⑤仅以维持商标注册为目的的象征性使用；⑥改变了注册商标的主要部分和显著特征的使用；⑦超出核定使用的商品上使用。

注册商标未实际使用，就无知名度可言，也没有发挥区分商品或服务来源的作用，相关公众更不会混淆误认。由于该注册商标并未在核定的商品或服务上体现出应有的商业价值，也就没有可给予保护的实质性利益。本节就注册商标未实际使用是否超过三年对于

民事保护的影响分别进行说明。

（一）未实际使用超过三年

《商标法》第六十四条第一款规定："注册商标专用权人请求赔偿，被控侵权人以注册商标专用权人未使用注册商标提出抗辩的，注册商标专用权人应当提供此前三年内实际使用该注册商标的证据。注册商标专用权人不能证明此前三年内实际使用过该注册商标，也不能证明因侵权行为受到其他损失的，被控侵权人不承担赔偿责任。"同时根据《商标法》第四十九条第二款的规定，若没有正当理由，注册商标自核准注册之日起连续三年不使用的，任何单位或者个人可以向商标局申请撤销该注册商标。以恶意囤积商标为目的的商标注册人，不当挤占有限的商标资源，进而对社会公共利益造成损害的，商标局也可以依职权宣告该注册商标无效。

根据上述法律规定可知，即便注册商标未实际使用超过三年，在注册商标被无效宣告或者撤销决定生效前，商标注册人仍享有形式意义上的注册商标专用权，任何他人未经商标权人许可，在同一种与类似商品或服务上使用与商标权人注册商标相同或者近似的商标的，仍属于侵犯注册商标专用权的行为。侵犯未实际使用的注册商标，人民法院虽不会判决承担赔偿损失的民事责任，但仍会判决立即停止侵犯注册商标专用权，并赔偿权利人制止侵权行为的合理支出。例如，在原告金鹿公司诉被告广州云昇企业管理有限公司侵害商标权纠纷案[1]中，广州市白云区人民法院认为，一方面，关于

---

[1] （2021）粤 0111 民初 9831 号。

赔偿损失，原告明确涉案注册商标自注册之日起，至今尚未在中国境内实际使用，原告也未能举证证明其因被告的侵权行为受到其他损失，依据《商标法》第六十四条第一款的规定，被告不承担赔偿责任。另一方面，对于合理费用，商标权人拥有涉案注册商标且在该商标未被撤销或者宣告无效的情形下，应当拥有涉案注册商标完整的权利，商标权人享有在核定使用的商品上使用核准注册的商标的专有使用权和在相同或近似商品上禁止他人使用相同与近似商标的排斥权，即使商标权人未实际使用其注册商标，但他人的使用行为会妨碍商标权人对其商标权的行使，妨碍商标权人拓展市场的空间。因此，商标权人有权依照法律的规定制止他人的侵权行为，由此所支付的合理开支可以作为因侵害行为所受的损失，商标权人有权请求侵害人予以赔偿。故本案中，虽然原告尚未在中国境内使用涉案注册商标，但原告作为涉案商标权人，有权就为制止涉案侵权行为所支付的合理开支要求被告承担赔偿责任。考虑到本案原告确有委托律师出庭应诉并就诉讼主体资料等进行公证认证，故对于律师费、公证费，本院予以酌情支持。本院综合考虑本案维权难度、公证认证、聘请律师出庭应诉等情况，酌定被告赔偿原告为制止侵权行为所支付的合理费用的数额为13 000元。原告请求赔偿数额超过酌定部分的诉讼请求，本院不予支持。

（二）未实际使用不超过三年

未实际使用超过三年且商标权人未能证明其他损失的，被控侵权人不承担赔偿损失的责任。但如果未实际使用不超过三年，商标权人提出商标侵权诉讼的，被控侵权人是否承担赔偿损失责任，根据最高人民法院法发〔2009〕23号《关于当前经济形势下知识产权审判服务大局若干问题的意见》第七条的规定,"请求保护的注册商标未实际投入商业使用的,确定民事责任时可将责令停止侵权行为作为主要方式,在确定赔偿责任时可以酌情考虑未实际使用的事实,除为维权而支出的合理费用外,如果确无实际损失和其他损害,一般不根据被控侵权人的获利确定赔偿;注册人或者受让人并无实际使用意图,仅将注册商标作为索赔工具的,可以不予赔偿"。从该意见来看,为妥善处理注册商标实际使用与民事责任承担的关系,使民事责任的承担有利于鼓励商标使用,激活商标资源,防止利用注册商标不正当地投机取巧,未实际使用不超过三年的,除停止侵权和赔偿合理开支外,还需要赔偿损失,但一般不按照被控侵权的获利确定赔偿数额。

例如,在上诉人徐某洪因与被上诉人柳州市知味亭汤煲店(以下简称"知味亭")、柳州市知味亭汤煲店二分店(以下简称"知味亭二分店")、柳州市知味亭汤煲店青云分店(以下简称"知味亭青云店")、柳州市知味亭汤煲店飞鹅分店(以下简称"知味亭飞鹅店")、柳州市知味亭汤煲店六分店(以下简称"知味亭六分店")、刘某林侵害商标权纠纷案❶中,广西壮族自治区高级人民法院认为,本案上诉人徐某洪的第4540546号商标于2008年9月28日经商标局核准注册之后,本人并未在商业经营活动中使用或宣传该商标,仅是在2009年2月28日许可给金华市婺城区福瑞轩海鲜酒店使用,该被许可人也只是在经营场所内部的一面墙上挂了一幅印有

---

❶ (2012)桂民三终字第17号。

与第4540546号商标图形相似的图形的挂画，而没有作为商标予以实际使用。徐某洪也未提供证据证明是否收取福瑞轩海鲜酒店许可使用费及许可使用费的数额。虽然徐某洪将涉案注册商标许可他人使用也是商标使用的一种方式，但受让人福瑞轩海鲜酒店也没有在规范意义上将涉案商标使用于商业活动中。因此，一审法院鉴于侵权人因侵权所得利益难以确定，而且徐某洪未能提供证据证明第4540546号商标经过其使用或经其许可他人使用而使该商标具有良好的商誉，没有支持徐某洪关于参照知味亭及其分支机构的经营利润确定赔偿数额的诉请，而是综合考虑徐某洪于2008年9月28日获得涉案注册商标专用权，涉案注册商标的实际使用情况及声誉、知名度情况，知味亭及其分支机构侵权行为的持续期间及使用被控侵权图形所能获得的利益等因素，酌情确定知味亭应当向徐某洪赔偿人民币7万元，刘某林对知味亭的债务承担无限责任。一审判决确定本案侵权损害赔偿数额的方法并无不当，徐某洪相关上诉理由不能成立，本院不予支持。

二、未实际使用的注册商标的刑事保护

未实际使用的注册商标的权利保护，对于其民事责任的承担部分，商标法及司法解释等都进行明确规定，即注册商标专用权人不能证明此前三年内实际使用过该注册商标，也不能证明因侵权行为受到其他损失的，被控侵权人不承担赔偿责任，仅判决侵权人停止侵犯注册商标专用权；但对于被假冒的注册商标未实际使用是否给予刑事法律保护的问题，相关的法律法规并没有明确规定。

司法实践中，多数法院认为注册商标未实际使用仅影响了民事赔偿责任的承担，并不影响犯罪的成立，满足犯罪构成要件的，仍会被依法追究刑事责任。例如，在广东省东莞市第一市区人民检察院指控原审被告人赖某富犯假冒注册商标罪案❶中，广东省东莞市中级人民法院认为，"涉案商标虽然已有若干年未使用，但依然有效，即使被异议人无效也不属于商标法规定的'自始无效'的情形，故赖某富申请本案商标无效的结果与本案无关；最终认定上诉人赖某富无视国法，未经注册商标所有人许可，在同一种商品上使用与其注册商标相同的商标，情节特别严重，其行为已触犯刑法，构成假冒注册商标罪，依法应予惩处"。

在宋某假冒注册商标罪案❷中，上海市闵行区人民法院认为，"涉案商标虽已数年未使用，但并未经法定程序撤销，系有效商标，理应与其他有效商标一样受我国法律保护。被告人宋某假冒涉案注册商标，并委托具有一定影响力的企业生产、销售假冒进口保健食品批准证书的钙片，其行为严重破坏了国家商标管理制度，扰乱了社会主义市场经济秩序，欺骗并损害了消费者的利益，具有较大的社会危害性"。

在谭某平假冒注册商标罪案❸中，宜昌市中级人民法院认为，"假冒注册商标侵犯了国家商标管理制度和商标注册人的商标专用权。宜都达奥工贸有限公司自2007年7月起至今未使用'松鹤'商标属实，但法律仍严禁未经其许可而使用其商标的行为。但鉴于

---

❶ （2016）粤19刑终373号。
❷ （2012）闵刑（知）初字第70号。
❸ （2015）鄂宜昌中知刑初字第00001号。

'松鹤'商标长期未使用的现实情况,谭某平的行为未给商标注册人造成实际经济损失和商誉损害,本院在决定主刑和附加刑时予以充分考虑"。

从上述案例可知,即便在注册商标未实际使用的情况下,人民法院基本上仍认为构成刑事犯罪,只是部分法院会在量刑时将"未实际使用"作为一个量刑因素考量。

但近些年,部分法院和法官对于注册商标未使用是否追究刑事责任的问题,也提出了不同的观点。浙江省高级人民法院、浙江省人民检察院、浙江省公安厅在《关于知识产权刑事案件适用法律若干问题的会议纪要》中认为,由于被假冒的注册商标未实际使用于商品,商标权人在市场上无商品流通,实际不会发生商品来源的混淆和误认,一般对商标权人的实际经济利益不会造成损害或损害不大,对市场竞争秩序不会造成严重破坏,故未实际使用的注册商标不宜由刑法保护,权利人可通过民事途径寻求保护。

2016年12月3日下午,江苏省高级人民法院知识产权庭副庭长顾韬做客中国知识产权法官讲坛第二十一讲,于南京大学逸夫管理科学楼作了题为"知识产权刑事保护的确定性与模糊性"的讲座。他在谈到关于注册商标未实际使用是否给予刑事保护的问题时认为,"从民事侵权的角度来看,侵犯未实际使用的商标构成侵权的也不应承担赔偿责任,最多承担停止侵权的责任,因为商标本身可能被'撤三'(撤销连续三年停止使用注册商标的申请)。刑事入罪标准无疑与民事标准相差甚远,此时可以援引《中华人民共和国刑法》第十三条的规定,对一些情节显著轻微、危害性不大的情形,可以不认为是犯罪"。

第二节　反向混淆情形下的商标侵权认定

在商标法及相关法律法规中并没有反向混淆的法律概念，商标侵权认定中所涉及的"混淆"，一般是指在后商标使用人为攀附在先商标权人的商标声誉而在同一种或者类似商品上使用与在先权利人相同或者近似的商标，足以让人产生混淆误认的行为。反向混淆，则是指在相关市场中具有较高知名度的在后商标使用人在同一种或同类商品上使用与具有较低知名度的在先商标权人商标相同或近似的商标，使相关公众误认为在先商标权人的商品来源于在后使用人或与其存在特定关联。

反向混淆情形下商标侵权的认定，与正常的攀附在先商标权人商誉的商标侵权行为略微不同。在反向混淆情形下，因在先权利人的商标尚未获得相当的知名度，此时在先权利人商标的固有显著性就成为区分商品或服务的来源的重要考量因素，也是决定是否足以让相关公众产生混淆误认及侵权判定的要素。故在反向混淆情形下，在先权利人商标的固有显著性越强，其区分商品或者服务来源的作用就更大，就更容易使相关公众产生混淆误认，属于侵犯在先权利人商标权的行为；反之，在先权利人商标的固有显著性越弱，其区分商品或者服务来源的作用就越小，就不容易使相关公众产生混淆误认，不属于侵犯在先权利人商标权的行为。

例如，在再审申请人建发工艺厂因与被申请人迈克尔高司商贸（上海）有限公司（以下简称"迈克尔高司公司"）、迈可寇斯公司、浙江银泰百货有限公司（以下简称"银泰公司"）、北京京东世纪贸易有限公司（以下简称"京东公司"）侵害商标权纠纷案❶中，最高人民法院在分析是否造成混淆误认时认为，在先商标"mk"是两个小写字母的简单组合，固有显著性较低，而且没有证据可以证明该商标经过商标权人的使用获得了显著性和知名度。在后使用人迈可寇斯公司使用的标识"MK"字体设计与在先商标不同，作为"MICHAELKORS"的简称通常与"MICHAELKORS"商标同时进行使用。并且，由于二者商品价格差距较大，消费群体有明显区分，相关公众不会对在先商标与在后使用的商标产生混淆或误认，法院最终认定不构成侵权。最高人民法院具体分析如下：一方面，涉案商标为 m 和 k 两个小写外文字母的简单组合，其显著性主要体现在字母的字体设计方面，因此，二审法院在认定被控侵权标识与涉案商标的近似性时，不能仅以二者的字母是否相同作为判断依据的观点并无不当。经比对，被控侵权标识"mk""MK"等的字体设计均与涉案商标不相同，在设计上呈现出与涉案商标区别较为明显的设计风格，故上述被控侵权标识与涉案商标未构成相同商标。另一方面，判断被控侵权标识与注册商标是否构成近似商标，不仅要考察标识本身各构成要素的近似程度，还要考察是否会造成相关公众的混淆误认。在判断是否会造成相关公众混淆误认时，既要考虑被控侵权标识的实际使用情况，还应结合注册商标的显著性和知名度予以评判，在判断反向混淆时也应如此。本案中，第一，如前所述，涉案商标由两个小写外文字母构成，显著性较弱。而且，根据现有证据，虽然涉案商标于 1999 年即获准注册并投入使用，但其

---

❶ （2019）最高法民申 6283 号。

所使用的商品多用于出口，在中国境内的销量数量及影响十分有限，故无法证明经过建发工艺厂对涉案商标的使用能够使涉案商标获得较强的显著性及知名度。第二，经查，迈可寇斯公司在2008年即已将被控侵权标识"MK"使用在箱包类商品的金属扣上，在2011年"MICHAELKORS"品牌进入中国市场后，迈可寇斯公司延续了上述使用形式，并在其商品、专卖店、专柜，官网、微信店铺等销售渠道中，将"MK"作为"MICHAELKORS"的首字母简称，与"MICHAELKORS"商标同时使用。自"MICHAELKORS"品牌进入中国市场以来，经过迈可寇斯公司、迈克尔高司公司的长期大量使用，被控侵权标识已经能够与"MICHAELKORS"品牌形成对应关系，并获得了一定知名度。第三，迈可寇斯公司、迈克尔高司公司将"MK"作为其主营商标"MICHAELKORS"的首字母简称进行使用，具有一定合理性，且被控侵权标识在实际使用中通常与"MICHAELKORS"同时使用，字体设计上也与涉案商标存在区别，可见迈可寇斯公司、迈克尔高司公司主观上并无借用涉案商标商誉的意图。第四，从被控侵权行为的表现形式看，被控侵权标识通常与"MICHAELKORS"同时使用，客观上足以实现对商品来源的区分，不会导致相关公众误认被控侵权产品来源于建发工艺厂的后果。第五，涉案商标使用的商品主要销往中国境外，且商品价格较低；被控侵权商品主要通过国内专卖店及专柜的形式销售，价格较高，普通消费者在购买时通常会施以较高的注意力，故二者的消费群体区别度较大。综合上述因素，相关公众不易对被控侵权标识与涉案商标及其相应商品的来源产生混淆或误认。综上，二审判决认定迈可寇斯公司、迈克尔高司公司的行为不构成对建发工艺厂涉案商标专用权的侵害，且未支持建发工艺厂关于反向混淆的主张并无不当，建发工艺厂的相应再审申请理由不能成立。

第三节　旧机翻新行为商标侵权认定

旧机翻新一般是指将商标权人废弃或者二手的商品进行翻新改造并重新贴附商标权人的标识再次对外出售的行为。根据翻新的程度，主要分为以下几种情形。①仅是对成色翻新或者仅是对商品的外观部件进行更换且并不涉及商品的核心部件或者重要部件；②翻新过程中涉及更新核心部件或更换了商品的大部分部件；③翻新过程中伪造、擅自制造商标权人的商标标识。

第一种情形下的旧机翻新，既没有破坏商标的识别功能，也没有破坏商标的品质保障和信誉承载功能，应当属于商标权人的权利用尽，不属于侵害商标权的行为。例如，在原告西门子（中国）有限公司［以下简称"西门子（中国）公司"］与被告厦门兴锐达自动化设备有限公司（以下简称"兴锐达公司"）侵害商标权纠纷案[1]中，厦门市中级人民法院经审理认定，兴瑞达公司在销售旧翻新商品时未对商品进行重大变更，不会影响客户对标有该商标商品的售后体验。旧货低价转让是旧货市场的普遍现象，不应视为商标侵权。

该案的基本案情是：西门子股份公司在中国注册 G637074 号"SIEMENS"商标，核定使用在第 9 类商品实验室研究用科学仪器、

---

[1] （2019）闽 02 民初 875 号。

可插入式模块、控制器、组合模块等上，有效期自 1995 年 3 月 31 日至 2015 年 3 月 31 日，经续展有效期至 2025 年 3 月 31 日。2017 年 11 月 2 日，西门子股份公司作为国际注册商标"SIEMENS"在中国的所有权人，授权许可西门子（中国）公司作为普通被许可使用人，在注册商标所有类别上，在产品和产品广告中使用其第 G637074 号"SIEMENS"注册商标。2018 年 9 月 21 日，西门子股份公司出具授权书，授权西门子（中国）公司以自己的名义，在知识产权或不正当竞争诉讼中，针对中国境内侵权的自然人、法人或其他组织提起法律诉讼。

被告兴锐达公司从淘宝、国外 EBAY 网站购置案涉商品，有发票、进口报税单、进口报关单，有网站及海关的监管，难以区分购置产品的合法性。被告兴锐达公司销售"SIEMENS"控制模块均属于西门子自产的翻新产品。西门子（中国）公司起诉兴锐达自动化设备有限公司购买、翻新其使用过的数字模块和控制模块，并转载商标标签"西门子"出售，涉嫌侵犯商标权。

厦门市中级人民法院认为，被告兴锐达公司销售旧翻新产品的行为不构成商标侵权。理由是：①没有证据表明产品上有伪造或者擅自制造商标标识。原告自己出具的鉴定书表述为"翻新假冒"，与"假冒"不同，表明认可商品本身是"SIEMENS"商标的正品，兴锐达公司没有伪造商标的必要性，也否认伪造商标。现场查获的高压气枪、柏油清洁剂、仪表上光蜡等工具无法说明是用于对产品进行重大改造，以致影响客户对该商标产品的售后体验。商标权人将产品销售之后，商标权利用尽，无权再就商标权主张权利。②被告也是以二手货销售的。从《行政处罚决定书》认定的事实看，被告兴锐达公司从海外网站购买旧货,有报关单,即有合法来源。而销售的合同样本和聊天记录表明,兴锐达公司是以"二手货"出售的,销售合同的价格与真品的价格也有明显差距,如产品型号为6ES5470-7LA12的控制模块,真品单价为24 946元,而兴锐达公司仅售价2450元。被告低价转让二手商品的行为,为旧货市场的常见现象,不应认定为商标侵权行为。

第二种情形下的旧机翻新,翻新后的新机与原商品并非同一商品,若再贴附商标权人的商标后,与在同一种或类似商品使用与注册商标相同或者近似商品的性质是一样的。当旧机翻新行为超过成色翻新达到加工、组装的范畴时,旧机翻新行为破坏了权利人的商标识别功能或者品质保障和信誉承载功能,就应当认定为侵害商标权的行为,情节严重的,就可能构成假冒注册商标罪。例如,在被告人张某假冒注册商标罪案❶中,深圳市中级人民法院认为,被告人张某将带有与注册商标相同的商标的假冒手机外壳,与旧手机的本体部分组装成新手机的行为,属于加工、组装行为,其性质属于生产,且未获得注册商标所有人的许可,非法经营额达人民币80 300元,属于情节严重,其行为构成假冒注册商标罪。

该案的基本案情是:2009年以来,被告人张某承租本市福田区某某市场某楼某某柜台,并雇佣国某、于某等人从事假冒及销售假冒苹果注册商标手机的活动。其中,国某等人负责从市场收购旧的苹果手机,同时购买带有苹果注册商标的手机外壳等配件;于某等人在被告人张某的住处将旧手机的主板进行维修、更换假冒的苹果

---

❶ (2011)深中法知刑终字第207号。

手机外壳和配件，最后由被告人张某联系客户进行销售。2010年8月30日，深圳市公安局福田分局民警抓获被告人张某等人，缴获的36部假冒苹果注册商标的手机（已翻新手机）销售价格为人民币80 300元。

深圳市中级人民法院经审理认为，被告人张某是否构成假冒注册商标罪，关键在于被告人张某更换手机外壳进行手机翻新的行为如何定性。对此本院认为，依据被告人张某的多次稳定供述，并有证人国某、于某的证言予以佐证，足以证实被告张某采购的手机外壳并非正品，该假冒的手机外壳上使用了与注册商标相同的商标；被告人张某将其收购来的旧手机更换假冒手机外壳进行手机翻新的行为，并未获得注册商标权所有人的许可。因此，被告人张某将带有与注册商标相同的商标的假冒手机外壳，与旧手机的本体部分组装成新手机的行为，属于加工、组装行为，其性质属于生产，且未获得注册商标所有人的许可，非法经营额达人民币80 300元，属于情节严重，其行为构成假冒注册商标罪。

第三种情形下的旧机翻新，若仅涉及第一种情形下成色翻新的，虽不属于侵害商标权的行为，但是可能构成伪造、擅自制造或者销售伪造、擅自制造他人注册标识的行为，情节严重的，也可能构成刑事犯罪；若涉及第二种情形的，可能既构成侵犯注册商标的行为，也构成伪造、擅自制造或者销售伪造、擅自制造他人注册标识的行为。

第四节 商标争议程序对商标权效力及侵权诉讼的影响

被宣告无效的注册商标，注册商标专用权视为自始即不存在。故商标权人对于在生效的无效决定后的"商标侵权行为"无权提起商标侵权诉讼，对于在生效的无效前人民法院作出并已执行的商标侵权案件的判决、裁定、调解书和工商行政管理部门作出并已执行的商标侵权案件的处理决定，以及已经履行的商标转让或者使用许可合同不具有追溯力。但因商标注册人的恶意给他人造成的损失，应当给予赔偿。同时，确因不返还商标侵权赔偿金、商标转让费、商标使用费，明显违反公平原则的，应当全部或者部分返还。

被撤销注册的注册商标，由商标局予以公告，注册商标专用权自公告之日起终止。因撤销注册商标的决定可能会经过复审和行政诉讼程序，商标局撤销注册商标的决定是否生效最终取决于复审程序或者生效的行政判决结果，而不是商标局或者商评委作出撤销决定或者复审决定后，撤销注册商标的决定就生效。撤销商标的决定与商标无效宣告决定产生的效力不同，注册商标被撤销的，注册商标专用权的效力并非自始无效，而是由商标局公告之日起终止。在商标局公告之日前，商标注册人仍具有注册商标专用权，商标注册人对商标局公告之日前侵害商标权的行为仍有权提起诉讼，仍可要求赔偿损失，因此，撤销商标的法律效果不同于商标无效宣告的法律效果。但被撤销注册商标的事由是因为无正当理由连续三年未使用，则商标权人就无权要求侵权人赔偿损失。

侵害商标权案件审理过程中，注册商标被商标行政管理机关宣告无效或者撤销的，人民法院一般是参照专利法司法解释的规定，裁定驳回原告的起诉，而不是中止审理。待原告通过行政诉讼程序撤销"商标行政机关宣告无效决定"或者"撤销注册商标的决定"的行政判决生效后，商标权人可以再次向人民法院提起商标侵权诉讼。同时参照专利法司法解释的规定，商标权人再次起诉的，诉讼时效期间从商标权人收到生效的行政判决之日起重新计算。例如，在再审申请人哈尔滨苗方清颜商贸有限公司（以下简称"苗方清颜商贸公司"）因与被申请人陈某珍侵害商标权、不正当竞争纠纷案❶中，江苏省高级人民法院认为，如涉案撤销注册商标的决定被撤销，苗方清颜商贸公司可以另行提起诉讼。

该案的基本案情是：苗方清颜商贸公司系注册在第35类的第10947662号和注册在第44类上的第8084892号的"苗方清颜"注册商标权人。2017年4月12日苗方清颜商贸公司向南京市南京公证处申请公证取证。公证内容显示：陈某珍在其所经营的南京市苗方青颜美容中心店招上大字标明"苗方净颜专业祛痘"，右下角小字为"个人健康管理咨询中心"。陈某珍是南京市苗方青颜美容中心的经营者，曾经是原告的连锁店经销商，南京市苗方青颜美容中心于2018年2月6日被核准注销。苗方清颜商贸公司认为，其经营的南京市浦口区苗芳青颜美容中心在其经营场所及加盟店和网站上突出使用"苗方净颜专业祛痘"服务标识并对外销售，导致消费者混淆和误认，严重侵害了原告的商标权。

---

❶ （2019）苏民申3375号。

在本案二审审理期间，陈某珍提供商评委于 2018 年 10 月 17 日作出的商标撤三字（2018）第 Y016784 号《关于第 8084892 号第 44 类"苗方清颜"注册商标连续三年不使用撤销申请的决定》，决定撤销第 8084892 号第 44 类"苗方清颜"注册商标，原第 8084892 号《商标注册证》作废，并予公告。苗方清颜商贸公司确认上述证据的客观真实性，目前其已就该撤销决定提起复议。

二审南京市中级人民法院审理认为，苗方清颜商贸有限公司据以主张商标侵权的权利基础即涉案第 8084892 号商标已被商评委撤销，现该权利基础已不存在，故哈尔滨苗方清颜商贸有限公司基于此商标权提起的本案诉讼，不符合《民事诉讼法》第一百一十九条规定的起诉条件，对其起诉应予驳回。哈尔滨苗方清颜商贸有限公司就该撤销决定已经提起复审申请，如果该决定在复议程序中被撤销，则哈尔滨苗方清颜商贸有限公司可以在其享有权利的情况下，重新提起商标侵权及不正当竞争诉讼。

江苏省高级人民法院经审查后认为，根据《商标法》第五十五条的规定，法定期限届满，当事人对商标局作出的撤销注册商标的决定不服不申请复审或者对商评委作出的复审决定不向人民法院起诉的，撤销注册商标的决定、复审决定生效。被撤销的注册商标，由商标局予以公告，该注册商标专用权自公告之日起终止。本案中，商标局虽然对涉案第 8084892 号"苗方清颜"注册商标作出连续三年不使用予以撤销的决定，但苗方清颜商贸公司对该决定不服并提出了复审申请，商评委也已受理该复审申请，涉案第 8084892 号"苗方清颜"注册商标已进入商标撤销的复审阶段，因此商标局作出的上述撤销决定并未生效。与自始不存在专用权的注册商标无效宣告不同，注册商标一旦被撤销，注册商标专用权自公告之日起终止，对公告前发生的侵犯注册商标专用权的行为仍有提起诉讼的请求权基础。因此，在被撤销的注册商标公告前，苗方清颜商贸公司仍具备提起诉讼的权利基础。即使涉案第8084892号"苗方清颜"注册商标未实际投入商业使用，权利人仍有权主张侵权人承担停止侵权等民事责任。二审法院关于涉案第8084892号商标已被撤销、现该权利基础已不存在的认定，属于适用法律错误，应予纠正。但考虑到苗方清颜商贸公司原起诉的侵权主体南京市苗方青颜美容中心已被注销，被控实施侵权行为的主体已不存在，因而判决停止侵权已没有实际意义。而且，如涉案撤销注册商标的决定被撤销，苗方清颜商贸公司可以另行提起诉讼。本院认为，综合考虑本案具体情况，二审裁定的处理结果可予以维持，裁定驳回苗方清颜商贸公司的再审申请。

第五节 因恶意提起商标侵权诉讼的反赔请求权

诚实信用原则是民事诉讼法的基本原则，它要求当事人在民事诉讼活动过程中，依法行使诉讼权利，履行诉讼义务。我国法律虽未明确规定恶意诉讼损害赔偿制度，但因恶意诉讼的提起确实给他人的商品声誉和商业名誉等造成了恶劣影响和损失，其本质上属于侵权行为的一种，是行为人因过错侵害他人民事权益，应当承担侵权责任。《最高人民法院关于进一步推进案件繁简分流优化司法资源配置的若干意见》第二十二条规定："加大对虚假诉讼、恶意诉讼等非诚信诉讼行为的打击力度，充分发挥诉讼费用、律师费用调节当事人诉讼行为的杠杆作用，促使当事人选择适当方式解决纠纷。当事人存在滥用诉讼权利、拖延承担诉讼义务等明显不当行为，造成诉讼对方或第三人直接损失的，人民法院可以根据具体情况对无过错方依法提出的赔偿合理的律师费用等正当要求予以支持。"

在商标侵权诉讼中，商标权人明知其商标权存在瑕疵或者明知其获得的商标权不具有实质上的正当性，仍以他人侵害其商标权或者构成不正当竞争为由提起诉讼，给他人造成损失的，应属于恶意诉讼，应当赔偿因恶意诉讼给他人所造成的损失。最高人民法院《关于知识产权侵权诉讼中被告以原告滥用权利为由请求赔偿合理开支问题的批复》规定："在知识产权侵权诉讼中，被告提交证据证明原告的起诉构成法律规定的滥用权利损害其合法权益，依法请求原告赔偿其因该诉讼所支付的合理的律师费、交通费、食宿费等开支的，人民法院依法予以支持。被告也可以另行起诉请求原告赔偿上述合理开支。"

最高人民法院的批复只涉及合理开支部分的损失承担问题，对于提起恶意诉讼的行为人可能给受害人造成经济损失及预期利益损失的问题没有涉及。对此，江苏省高级人民法院认为，还应当赔偿因恶意诉讼可能给他人所造成的经济损失，赔偿数额应当以受害人的损失为限。在受害人的损失难以确定的情况下，可以综合考虑受害人现实的经济损失和预期利润的损失等相关因素，酌情确定赔偿数额。受害人主张恶意诉讼行为人赔偿其因此而造成的直接损失、交易机会丧失等间接损失，以及增加的合理的交通、食宿、误工、证人出庭、公证、代理等必要费用的,应当予以支持。

例如,在再审申请人山东比特智能科技股份有限公司(以下简称"比特公司")因与被申请人江苏中讯数码电子有限公司(以下简称"中讯公司")恶意提起知识产权诉讼损害责任纠纷案❶中,江苏省高级人民法院二审时的意见如下。

一、比特公司对中讯公司提起(2009)锡知民初字第57号诉讼(以下简称"第57号诉讼")的行为属于恶意诉讼,恶意提起知识产权诉讼是指行为人明知自己提起知识产权诉讼无事实或者法律依据,仍以损害他人合法权益或者获取非法利益为目的,故意针对他人提起知识产权诉讼,造成他人损害的行为。比特公司提起第57号诉讼是否构成恶意诉讼,取决于该诉讼是否符合恶意提起知识产权诉讼的构成要件。(一)恶意提起知识产权诉讼的构成要件包括以下3方面。1.行为人提起知识产权诉讼无事实或者法律依据。常常表现为行为人没有知识产权权利或者行为人虽然享有形式上"合法"的知识产权,但因该知识产权系恶意取得等多种原因而不具有实质上的正当性。2.行为人提起诉讼主观上具有恶意的表现为两个方面:(1)认识因素,即行为人提起知识产权诉讼时,要明知其提起知识产权诉讼无事实或者法律依据。在行为人恶意取得知识产权的情况下,尤其要明知其取得的知识产权不具有实质上的正当性。(2)目的因素,即行为人提起知识产权诉讼要以损害他人合法权益或者获取非法利益为目的。判断行为人恶意的时间节点是行为人提起知识产权诉讼时。在行为人恶意取得知识产权的情况下,

---

❶ (2019)最高法民申366号。

其取得知识产权时的恶意，自然可以作为认定其提起诉讼时具有恶意的依据。这是因为行为人明知其获得的知识产权不具有实质上的正当性而有意提起诉讼，损害他人合法权益或者获取非法利益，其提起诉讼时主观上必然是恶意的。因此，如果行为人在恶意取得知识产权后，以损害他人合法权益或者获取非法利益为目的，提起知识产权诉讼，就可以直接判定行为人在提起诉讼时具有恶意。3. 行为人恶意提起知识产权诉讼给他人造成了损失，且损失与行为人恶意提起知识产权诉讼具有因果关系。（二）比特公司提起第57号诉讼符合恶意提起知识产权诉讼的构成要件，构成恶意提起知识产权诉讼。1. 比特公司提起第57号诉讼不具有实质上正当的权利基础。比特公司提起第57号诉讼时，虽然表面上拥有TELEMATRIX商标权，但该商标权是比特公司"以不正当手段抢先注册他人已经使用并有一定影响的商标"而取得的，其并不享有实质上正当的权利基础。商评委2013年7月22日作出第23303号争议裁定书，裁定争议TELEMATRIX商标予以撤销。上述裁定亦得到了北京市第一中级人民法院第2956号行政判决书、北京市高级人民法院第799号行政判决书及最高人民法院第93号行政裁定书的维持。《中华人民共和国商标法实施条例》（2002年施行）第三十六条规定："依照商标法第四十一条的规定撤销的注册商标，其商标专用权视为自始即不存在。"因此，比特公司提起第57号诉讼时实质上并不享有TELEMATRIX商标权。2. 比特公司提起第57号诉讼时主观上具有恶意。一方面，比特公司在申请注册TELEMATRIX商标时具有恶意。相关生效裁判均已认定，比特公司违反《商标法》第三十一条的规定，TELEMATRIX商标系以不正当手段抢先注册他人已经使用并有一定影响的商标，也即比特公司在申请注册时，已经明知 TELEMATRIX 商标系他人已经使用并有一定影响的商标，自己是以不正当手段予以抢注，具有恶意。客观上，比特公司作为相关行业的经营者，对 TELEMATRIX 商标具有较高知名度和影响力确实知晓。比特公司应当预知其以不正当手段抢注 TELEMATRIX 商标违反《商标法》第三十一条的规定，属于可被依法撤销的情形。事实也证明，比特公司抢注的 TELEMATRIX 商标因违反《商标法》第三十一条的规定，最终于 2013 年 7 月 22 日被商评委第 23303 号争议裁定书撤销。因此，比特公司提出"该公司申请注册时无恶意"的上诉理由，无事实依据，本院不予支持。另一方面，比特公司提起第 57 号诉讼时具有恶意。如前所述，比特公司申请注册 TELEMATRIX 商标时，明知该商标系抢注他人在先使用并有一定影响的商标，其获得该商标注册不具有实质上的正当性。比特公司在 2008 年 3 月 19 日（起诉状时间）提起第 57 号诉讼之前，即 2008 年 2 月 14 日仍在其公司网站上宣称"作为国际上与德利达、TELEMATRIX 齐名的三大酒店电话机品牌之一，比特在产品和服务上一直追求领先"。该事实进一步证实了比特公司申请注册 TELEMATRIX 商标后，一直明知该商标系其抢注他人在先使用并有一定影响的商标，TELEMATRIX 商标权应当由该商标在先使用并逐步积淀商誉的主体享有，其实质上不应当享有 TELEMATRIX 商标权。同时，由于中讯公司、比特公司同是酒店电话产品的专业生产商，两公司存在竞争关系。比特公司起诉要求中讯公司停止生产、销售、宣传 TELEMATRIX 商标产品，其目的显然是排挤竞争对手中讯公司，以垄断 TELEMATRIX 商标相关产品在国内的生产销售，损害中讯公司合法权益，获取非法利益。因此，比特公司在明知其实质上不应当享有TELEMATRIX商标权的情况下，恶意申请获得注册，并以损害中讯公司合法权益和获取非法利益为目的，公然针对中讯公司提起第57号诉讼，显属恶意。比特公司提出"其在提起第57号诉讼时没有恶意"的上诉理由，无事实依据，本院不予支持。3.比特公司提起第57号诉讼造成了中讯公司的损失，且该损失与其提起第57号诉讼具有因果关系。中讯公司提交的相关证据证明因第57号诉讼该公司被迫停止生产、销售TELEMATRIX商标产品的活动，丧失了相关交易机会，被迫更换生产模具，报废相关物料，造成物料和人工损失。中讯公司还因本案应诉支出了10万元律师费。显然，比特公司提起的第57号诉讼造成了中讯公司的损失，且该损失与第57号诉讼具有因果关系。综上，比特公司在明知TELEMATRIX商标系抢注他人在先使用并有一定影响的商标情况下，以损害中讯公司合法权益和获取非法利益为目的，提起第57号诉讼，符合恶意提起知识产权诉讼的构成要件，已构成恶意诉讼。

二、比特公司恶意提起第57号诉讼给中讯公司造成了经济损失，应当承担赔偿损失的民事责任。恶意诉讼行为人承担的赔偿数额应当以受害人的损失为限。在受害人的损失难以确定的情况下，可以综合考量相关因素，酌情确定赔偿数额。本案中，本院综合考虑了以下因素，以确定赔偿数额。（一）中讯公司现实的经济损失。1.中讯公司因第57号诉讼更换了新模具，支出8.3万元，应当计入赔偿数额。2.中讯公司因第57号诉讼造成了物料损失及人工费用支出等。中讯公司提交的《2008年TELEMATRIX系列机壳更改标识造成的成本直接损失表》及《2008年TELEMATRIX商标材料库存损失汇总表》显示,中讯公司因第57号诉讼造成的物料损失及人工费用支出合计1 127 529.06元。因该证据系中讯公司单方面统计和制作,缺乏其他相关证据的印证,故尚不足以证实其因侵权而遭受的物料损失及人工费用支出的具体数额。但根据商业惯例,中讯公司确实会因担心使用TELEMATRIX商标而承担侵权责任,进而停止使用TELEMATRIX商标,报废带有TELEMATRIX商标标识物料,更换带有TELEMATRIX商标标识的电话机外壳并产生物料损失及人工费用支出,故该部分物料损失及人工费用支出可作为确定赔偿数额的参考因素。3. 中讯公司主张的本案10万元律师代理费系为挽回恶意诉讼造成的损失而支出的合理费用,应当计入赔偿数额。(二)中讯公司预期利润的损失。中讯公司在诉讼中提交的经营统计表、退税单据显示,2006—2007年中讯公司代工TELEMATRIX品牌电话机的毛利为12 504 594元。可见,中讯公司代工TELEMATRIX品牌电话机的毛利润较为可观,其确实会因第57号诉讼停止代工TELEMATRIX品牌电话机而产生一定的预期利润损失,故该部分损失应当作为确定赔偿数额的参考因素。(三)恶意诉讼对社会诚信体系的破坏。比特公司明知其不应当享有TELEMATRIX商标权的情况下,首先恶意抢注该商标,其后又对他人恶意提起诉讼,主观恶意十分明显。比特公司的恶意诉讼行为不但给中讯公司造成了较大的损失,而且对全社会的诚信价值体系及诚实信用的诉讼体系造成冲击和负面影响,对此种行为应当给予相应的惩戒。如此,才能防止此类恶意抢注和恶意诉讼行为的再度发生。综合以上因素,江苏省高级人民法院认为,一审法院判决比特公司赔偿中讯公司经济损失及合理开支100万元,并无不当。

最高人民法院在审理再审时的意见如下。

比特公司提起第57号诉讼的行为,属于恶意提起知识产权诉讼。判断比特公司是否存在恶意诉讼行为,应当从侵害行为、损害结果、侵害行为与损害结果之间的因果关系及行为人的主观过错等方面进行审查。本案中,比特公司曾于2008年针对中讯公司提起商标侵权诉讼,并要求判令中讯公司赔偿经济损失612万元。后根据比特公司的申请,一审法院裁定准许其撤回起诉。在案证据显示,因第57号诉讼的提起,中讯公司产生了律师费等诉讼成本,并因停止生产销售TELEMATRIX商标商品的活动丧失了交易机会、导致物料及人工损失。因此,现有证据可以证明,本案中存在侵害行为、产生了损害结果,且侵害行为与损害结果之间具有因果关系,故本案的关键在于,比特公司提起第57号诉讼的行为是否具有恶意。

民事诉讼是知识产权人维护自身权益的重要途径,人民法院应当依法保障知识产权人在其权利范围内获得充分和严格的保护。但民事行为的实施、民事诉讼程序的启动,同样应当遵循诚实信用、禁止权利滥用的原则。本院认为,判断比特公司提起第57号诉讼是否具有主观恶意,应当考虑如下因素。

第一,比特公司在第57号诉讼中的权利基础及其对该种权利基础的认识能力。经查,比特公司于2008年启动第57号诉讼程序。2013年7月22日,商评委作出〔2013〕第23303号《关于第4359350号TELEMATRIX商标争议裁定书》(以下简称"第23303号裁定"),以构成《商标法》第三十一条所指"以不正当手段抢先注册他人在先使用并有一定影响的商标"为由,将作为第57号诉讼权利基础的第4359350号TELEMATRIX商标(即涉案商标)予以撤销。后历经三级法院的司法审查程序,本院于2014年12月15日作出(2014)知行字第93号行政裁定,驳回比特公司的再审申请。至此,涉案商标自始不具有法律效力,且相关判决认为,基于美国美爵信达公司的TELEMATRIX商标在涉案商标申请日之前已经具有的知名度,比特公司申请注册涉案商标的行为难谓善意。由此可见,基于生效判决的明确认定,涉案商标权自始不具有正当性基础,且在权利取得之初,比特公司对于其权利基础的正当性即应当具备相应的认识能力。本院注意到,比特公司虽于本案再审审查阶段对第23303号裁定及后续司法审查程序的认定提出诸多质疑,但作为独立于第23303号裁定及其后续行政诉讼程序的本案,基于对生效裁判既判力的充分尊重,本院不应在本案民事诉讼程序中对此予以评述。对比特公司与此有关的再审申请理由,本院均不予支持。

第二,比特公司提起第57号诉讼的目的。根据原审法院查明的事实,比特公司与中讯公司曾先后接受赛德公司的委托,为其加工酒店电话机产品,系具有竞争关系的同行业经营者。结合已为生效判决确认的事实,即作为第57号诉讼权利基础的涉案商标,系比特公司"以不正当手段抢先注册他人在先使用并有一定影响的商标",以及比特公司在提起第57号诉讼之前,即在其网站上宣传"作为国际与德利达、TELEMATRIX齐名的三大酒店电话机品牌之一,比特在产品和服务上一直追求领先",并先后对美国美爵信达公司及其代工企业提起侵害商标权之诉等事实,确难认定比特公司是以依法维权为目的、正当行使其诉讼权利的行为。据此，一审、二审法院认定比特公司启动第57号诉讼程序的行为，属于恶意提起知识产权诉讼，该结论于法有据，本院予以支持。在此基础上，一审、二审法院综合考虑中讯公司现实的经济损失、预期利润的损失及比特公司的主观恶意等因素，酌情确定比特公司在本案中应当承担的赔偿责任的具体数额亦属得当。对比特公司与此有关的再审申请理由，本院均不予支持。

第六节　确认不侵权之诉

确认不侵权之诉是指商标权人向他人发出侵权警告函，他人可以作为原告针对商标权人发函指控其侵害商标权的行为向法院提起诉讼，请求确认其不侵害商标权。

确认不侵权之诉的立法目的在于规制商标权人滥用诉权，是被警告人遭受侵权警告，而商标权人怠于行使诉权使得被警告人处于不安状态情形下，被警告人能够获得司法救济的途径。本节所指确认不侵权之诉在商标法或者司法解释中并没有相关规定，参照《最高人民法院关于审理侵犯专利权纠纷案件应用法律若干问题的解释》第十八条的规定，被警告人提起确认不侵权之诉的条件应当包括程序性要件和实质性要件。程序性要件主要是指书面催告程序，即商标权人向被警告人发出侵犯商标权的警告函，被警告人收到警告函后书面督促商标权人及时行使诉权，商标权人收到上述催告之日起一个月内或者自上述催告通知发出之日起两个月内，商标权人不撤回警告也不提起侵权诉讼。其中，商标权人既不撤回警告，也不启动纠纷解决程序，导致被警告人的利益受损是实质性要件。

为防止被警告人提出确认不侵权之诉的随意性，被警告人提出的确认不侵权之诉应当满足书面催告程序和实质性要件的要求，否则人民法院不予支持。例如，在上诉人红牛维他命饮料（江苏）有限公司（以下简称"江苏红牛"）因与被上诉人天丝医药保健有限公司（以下简称"天丝公司"）确认不侵害商标专用权纠纷案❶中，最高人民法院认为，确认不侵害知识产权诉讼是制约权利人滥用权利、保护利害关系人免受是否侵害他人知识产权这一不确定状态干扰的补救性诉讼，提起确认不侵害商标权诉讼必须符合相应的条件。

该案的基本案情是：2014年9月24日和10月22日，天丝公司曾委托中国国际贸易促进委员会专利商标事务所向江苏红牛发函，主张江苏红牛未经授权使用天丝公司的商标及其他知识产权，并敦促其尽快提出解决方案。2016年8月30日，天丝公司以江苏红牛为被告之一向本院提起侵害商标权及不正当竞争之诉，请求判令江苏红牛停止商标侵权及不正当竞争行为，并赔偿因上述侵权行为而给天丝公司造成的经济损失。依据的事实是江苏红牛涉嫌未经许可在其生产的红牛维他命饮料产品上突出使用与天丝公司注册商标相同或近似的商标标识行为，以及未经许可使用"红牛"商标作为企业字号的不正当竞争行为。而江苏红牛在天丝公司起诉后再提起确认不侵权诉讼，该两个诉讼系基于相同的事实和法律关系，针对的侵权行为具有一致性。故一审法院认为，在天丝公司已经启动

---

❶（2018）最高法民终341号。

诉讼程序，江苏红牛是否构成侵权已处于法院审理的情况下，江苏红牛不应当就相同的法律关系再提起确认不侵权诉讼，江苏红牛的起诉不符合法定条件，应裁定驳回其起诉。

一审法院经审查认为，本案系江苏红牛提起的确认不侵害商标权及不构成不正当竞争之诉，对于确认不侵害专利权之外的其他确认不侵害知识产权之诉，应当首先参照《最高人民法院关于审理侵犯专利权纠纷案件应用法律若干问题的解释》第十八条规定，审查该起诉是否具备法定条件以及是否符合法定程序，即人民法院受理当事人提起的确认不侵权之诉，应以利害关系人受到警告，而权利人未在合理期限内依法启动纠纷解决程序为前提。

最高人民法院认为，《最高人民法院关于审理侵犯专利权纠纷案件应用法律若干问题的解释》第十八条规定，"权利人向他人发出侵犯专利权的警告，被警告人或者利害关系人经书面催告权利人行使诉权，自权利人收到该书面催告之日起一个月内或者自书面催告发出之日起两个月内，权利人不撤回警告也不提起诉讼，被警告人或者利害关系人向人民法院提起确认其行为不侵犯专利权的诉讼的，人民法院应当受理"。人民法院审理其他类型的确认不侵害知识产权诉讼，应当参照上述司法解释的规定处理。

确认不侵害知识产权诉讼是制约权利人滥用权利、保护利害关系人免受是否侵害他人知识产权这一不确定状态干扰的补救性诉讼。提起确认不侵害知识产权诉讼必须符合相应的条件，即权利人向他人发出侵权的警告，被警告人或者利害关系人书面催告，权利人在收到书面催告后在合理期限内既未撤回警告也未提起诉讼。其中书面催告是程序性要件，权利人既不撤回警告也不启动纠纷解决程序，导致利害关系人的利益受损是实质性要件。在本案中，天丝公司确曾向江苏红牛发出过侵权警告，但江苏红牛在收到侵权警告后并未向天丝公司进行过书面催告，而且天丝公司已向人民法院提起侵害商标权和不正当竞争诉讼。因此，江苏红牛提起的本案确认不侵权诉讼，既不符合确认不侵害知识产权诉讼的程序要件，也不符合确认不侵害知识产权诉讼的实质要件，江苏红牛所持其起诉符合法律规定的上诉理由，本院不予支持。

同时，由于侵权之诉在举证和事实查明上优于确认不侵权之诉，为了尽量促使当事人之间通过侵权之诉解决争议，限制被警告人提起确认不侵权之诉的随意性，虽有必要审查被警告人是否满足书面催告程序和实质性要件的要求，但并不能机械适用。被警告人履行了向权利人催告行使权利的程序，并留给商标权人提起侵权之诉的合理期限的，也应当支持。例如，在上诉人王老吉有限公司（以下简称"王老吉公司"）因与被上诉人广州王老吉大健康产业有限公司（以下简称"大健康公司"）确认不侵害商标权纠纷案❶中，广东省高级人民法院认为，《最高人民法院关于审理侵犯专利权纠纷案件应用法律若干问题的解释》第十八条规定，"权利人向他人发出侵犯专利权的警告，被警告人或者利害关系人经书面催告权利人行使诉权，自权利人收到该书面催告之日起一个月内或者自书面催告发出之日起两个月内，权利人不撤回警告也不提起诉讼，被警告人或者利害关系人向人民法院提起请求确认其行为不侵犯专利权的诉讼的，人民法院应当受理"。该司法解释明确规定了确认

---

❶ （2016）粤民终240号。

专利不侵权之诉的条件。在商标领域，虽然未有法律或者司法解释对此作出规定，一般情况下，可以参照前述司法解释第十八条规定执行。但是，在确认不侵害商标权之诉中，对于前述规定的催告程序，也不宜机械地适用。应当结合确认不侵权之诉的立法目的，根据个案具体情况，妥当地理解和适用，以恰当平衡双方当事人的利益。本案中，由于王老吉公司向工商行政管理部门投诉，从2012年11月23日起至2012年12月11日本案立案期间，大健康公司的经销商被工商行政管理部门查处。而且，王老吉公司在媒体上宣传大健康公司侵权。由此可知，在此期间，大健康公司遭受王老吉公司侵权警告的事实确实存在。在本案争议之前，双方当事人已经发生不正当竞争纠纷等多起纷争。而且，在本案商标行政评审程序中，大健康公司的关联公司广州医药集团有限公司以在先使用"吉庆时分喝王老吉"广告语为理由，主张撤销本案商标；商评委以该广告语"不能作为在先使用的商标"为理由，维持本案商标。在明知双方商品市场争夺激烈的情形下，王老吉公司认为在被控商品上使用"吉庆时分"标识侵犯其商标权，本来可以及时地向被控商品的生产者大健康公司直接主张权利，而不仅投诉大健康公司的经销商。大健康公司在王老吉公司仅投诉其经销商，自身无法参与到行政程序主张权益的情况下，未经诉前书面催告程序而直接提起确认不侵害商标权之诉，以尽快明确双方权利边界，有其合理之处。不仅如此，大健康公司代理人于一审起诉之后不久，向王老吉公司发出《律师催告函》，王老吉公司拒收该《律师催告函》的邮件。在一审期间收到起诉状之时，王老吉公司即已知道大健康公司在维护其权益。王老吉公司可以在一审期间收到起诉状之后的合理期限内，提起侵权之诉或者撤回警告。但是，在本案历经的管辖权异议及其上诉期间，直至一审法院实体审理开庭辩论终结之前，王老吉公司一直未提起侵权之诉或者撤回警告。而且，无论是一审还是二审，王老吉公司始终主张大健康公司侵害其商标权，可见，大健康公司仍然明显处于王老吉公司侵权警告的不安之中。在此种情形下，如果机械地参照前述司法解释的书面催告程序及其"自权利人收到该书面催告之日起一个月内或者自书面催告发出之日起两个月内"期限来设定受理条件，从而驳回大健康公司起诉，然后再由大健康公司提起确认不侵害商标权之诉，这在事实上只是徒增了无意义的司法程序空转。综上，一审法院认为大健康公司符合确认不侵害商标权之诉的受理条件正确，本院予以维持。王老吉公司该项上诉主张依据不足，本院不予支持。

后　记

在历时三年有余撰写了《商标法通识》后,笔者有幸受聘于昆山的市场监督管理部门为一线执行的工作人员进行为期6个月的商标法律知识培训,同时为一线执法工作人员提供法律服务和侵权判定指导。在此期间,笔者有机会接触到更多的侵权假冒行为,为撰写本书提供了更多的鲜活案例,也为理论的总结提供了更多的思路。同时,也深感总结商标侵权行为认定的一般规则以应对纷繁复杂的侵权假冒行为仍有些力不从心,不免感慨。路漫漫其修远兮,吾仍将上下而求索。

在为一线执法工作人员提供法律服务的过程中,笔者发现,一线执法工作人员对于是否为商标性使用、同一种或者类似商品的判断及商品与服务是否类似的定性问题仍存在一些疑问,这也是笔者着手撰写本书的初衷。笔者试图在所掌握的商标知识、经手的案例和各级人民法院的经典案例中抽丝剥茧,提炼出商品侵权行为认定的一般规律。

在昆山某公司涉嫌假冒注册商标罪的刑事案件中,笔者受当事人委托在审查起诉阶段介入该案。笔者依法调取了公安机关的笔录后发现,该案在是否为同一种商品的认定上出现了重大纰漏,当即撰写了《不予起诉决定书》,就是否为商标性使用、是否为同一种商品等核心问题,以及未实际使用注册商标的权益保护问题引用了江苏省高级人民法院和浙江省高级人民法院的观点,与承办案件的检察官进行了深入的沟通和交流。承办检察官首先肯定了笔者办理假冒注册商标罪的专业程度,也非常重视笔者提出的辩护意见,经其内部讨论后,退回公安机关补充侦查多次。承办检察官当时也告知,当时公安机关申请批准逮捕时,检察院也觉得该案是有些问题,就没有批准逮捕,现在看来,确实有些法律问题还没有弄清楚。当时公安机侦查的情况是不满足立案标准的,尤其是对于是否为同一种商品、非法经营数额、假冒侵权商品的查获数量等问题均没有调查清楚。笔者认为,司法实践中,对于专业化程度要求较高的知识产权类案件,尤其是涉及刑事犯罪的案件,其犯罪构成要件不但与普通的知识产权类民事侵权类案件存在较大不同,更不用说与常规类刑事犯罪案件的犯罪构成要件更是差异很大。基层办案机关工作人员对于知识产权类刑事犯罪构成要件和专业术语的理解还存在不同认识,导致司法实践中对本不构成知识产权类刑事犯罪的进行立案侦查并对嫌疑人采取刑事拘留甚至逮捕的强制措施。

侵犯知识产权类的民事或者刑事案件,虽作为侵权案件的特殊类型,但因为其本身对于专业化程度要求较高,故在认定是否构成侵权或者犯罪时,无论是对公检法工作人员还是办理知识产权类案件的律师等都提出了更高的要求。笔者在商标法及反不正当竞争法等相关事务上潜心研究多年,试图总结出办理知识产权类案件的一般规律,并试图对于涉及知识产权类案件的法律概念和权利边界等找到一个清晰的界定,但事实上难以界定,总觉得时而清晰,时而模糊。例如,关于在理解何为同一种商品和相同商品,笔者发现商标法中关于相同商品的表述共计出现两次，关于同一种商品的表述出现过 8 次，二者是否表达同一含义、究竟有何不同，带着这种疑问，笔者经过分析认为，从民事的角度来说，"同一种商品"的概念范围应当比"相同商品"的概念范围大一些；但从刑事的角度来说，"同一种商品"的概念范围应当控制在与"相同商品"的概念范围相等的范围内；从民事法律概念表述来看，其区别之处在于在功能、用途、材料、销售渠道、消费对象等方面相同或基本相同。但在最高人民法院最高人民检察院公安部《关于办理知识产权刑事案件适用法律若干问题的意见》中又增加了限制性表述，即去掉了"基本相同"，同时增加"相关公众都认为其是同一事物"。笔者认为，这里所指的"同一事物"并非"同一类事物"。

　　本书第一稿完稿之际正值西方的感恩节，借此机会感谢一路同行，给笔者鼓励和金玉良言的良师益友们；感谢老婆分担照看两个孩子的重任，让笔者有更多的时间投身本书的创作。本书在创作过程中，引用了上海凯原法学院孔祥俊教授的观点，同时参考了《江苏省高级人民法院侵害商标权民事纠纷案件审理指南》的部分意见，在此一并表示感谢。